修 心
南怀瑾讲国学智慧

徐 枫 编著

·北京·

图书在版编目（CIP）数据

修心：南怀瑾讲国学智慧 / 徐枫编著. — 北京：群言出版社，2015.5（2024.1 重印）

ISBN 978-7-80256-732-0

Ⅰ.①修… Ⅱ.①徐… Ⅲ.①国学 – 通俗读物 Ⅳ.① Z126-49

中国版本图书馆 CIP 数据核字 (2015) 第 077757 号

责任编辑：	刘占凤　张启超
封面设计：	同人阁文化·书装设计
出版发行：	群言出版社
地　　址：	北京市东城区东厂胡同北巷 1 号（100006）
网　　址：	www.qypublish.com（官网书城）
电子信箱：	qunyancbs@126.com
联系电话：	010-65267783　65263836
法律顾问：	北京法政安邦律师事务所
经　　销：	全国新华书店
印　　刷：	河北鸿运腾达印刷有限公司
版　　次：	2015 年 6 月第 1 版
印　　次：	2024 年 1 月第 2 次印刷
开　　本：	710mm×1000mm　1/16
印　　张：	15
字　　数：	230 千字
书　　号：	ISBN 978-7-80256-732-0
定　　价：	59.80 元

【版权所有，侵权必究】

如有印装质量问题，请与本社发行部联系调换，电话：010-65263836

前　言

出身于诗书世家，幼承家训，从小熟读诸子百家的南怀瑾，上下求索，一生致力于国学的弘扬，精研儒、释、道及诸子百年之学，深入浅出地诠释经典，所著述的《论语别裁》《老子他说》《孟子旁通》等，至今仍是拥有大量读者的畅销书；他为国学的传承奔走呼号，身体力行，四处演讲，办学堂、创办东西方文化精华协会总会、老古文化事业股份有限公司等多家公益性文化组织或单位……

相信没有人怀疑南怀瑾先生的国学热忱，其嘉言懿行影响深远，泽被后代，被誉为国学大师，实是实至名归。

晚年，面对商品社会对传统文化和国学精神的冲击，南先生深怀忧虑。他深感到中国传统文化有断代的危险，不止一次说："今日中国文化之亟亟待兴。"于是，他不辞辛苦，奔走各地，呼吁重视和传承传统文化。在浮躁的年代，在传统精神被怠慢和揶揄的时代，南先生仍不改其志，坚持不懈地宣传传统文化，直到生命的最后，其心之诚，其情可感，令人钦佩，受人爱戴，在海内外华人世界有着众口一词的良好品牌和影响力。南先生，可谓修养深厚，功德不凡。南先生，现代社会的传统人，说他是最后一位儒者，也不为过。

对于国学，南先生有自己的理解。他深入浅出的解读，加以生动的事例，在解读中对历史的回顾，对当下的思考，独到的视角和观点，都显出他非同一般的研究水平和领悟能力。能达到如此高深的造诣，源于他书香门第的家学渊源，得益于他丰富传奇的经历，得益于他闭关精读深研国学的热情与执著，更得益于他身体力行的不懈实践——实践国学对当下社会的价值，以及如何实现其价值，为此做了很多大胆而有益的尝试，取得巨大的成功和影响力。所有这些，都使得南怀瑾的国学研究具有很强的穿透力，使他的国学宣传更具有广泛的群众基础，显得更加亲和，富有吸引力。

可以说，阅读南先生的国学智慧，是了解中国传统文化的一个窗口，一个捷径。

本书着眼于对国学智慧的研究心得，从南怀瑾先生宏富的国学著作中梳理出其关于国学和传统文化的解读与观点，从文化以立根、知识以立命、修养以安身、智慧为人处事、知进退荣辱、修养快乐心态等几大方面入手，下分若干小节，分别阐述其中的国学智慧。每小节以南先生对国学的解译或观点入手，然后作全新的引申和阐发。

本书最大的特点是作者不就南怀瑾而谈南怀瑾，不就国学而谈国学，不囿于南先生本人及其海量的国学资料，而是取其一点，然后完全放开来，自然引发，结合古今，把先贤的智慧、南先生的国学智慧与当下社会有机结合，既能使读者领会传统文化的精神内核，又可引发其对现实社会的思考，从而吸取国学智慧。

本书有观点，有事例，有思索，有扣问，全新的角度，全新的表现方式，展现出南先生独特的国学智慧，相信一定给读者一个全新的阅读感受。

当然，国学本身博大精深，南先生的解译也是意蕴丰厚，岂是本书所能概括的？本书不过择其精要，意在抛砖引玉。如果读者通过此书，从此更加热爱国学，自觉提高传统文化素养，提高人文素质和思想境界。那么，这将是我们最大的满足。

因能力有限，定有不当之处，敬请方家指点。

目 录

第一章 文化以立根

- 传统文字的意义 …………………………………… 1
- "三家店"卖的是什么 …………………………… 6
- 所谓的思想在哪里 ………………………………… 11
- 师道精神不可丢 …………………………………… 14
- 温、良、恭、俭、让 ……………………………… 20
- 儒家对诗文的重视 ………………………………… 24
- 也谈教育存在的问题 ……………………………… 29
- 骂中国文化的都是自己人 ………………………… 34
- 孔子的担忧，文化的担当 ………………………… 38

第二章 知识以立命

- 不要太高看知识分子 …… 42
- 百无一用是书生 …… 47
- 怎样才算知识分子 …… 51
- 如切如磋，如琢如磨 …… 56
- 坚持做人做事的节操 …… 62
- 以德树人，得英才而乐之 …… 66
- 学而好古，敏以求之 …… 70
- 伟大人物往往是寂寞的 …… 73
- 做到留名不容易 …… 76
- 聪明怪癖，正道不取 …… 80

第三章 修养以安身

- 勇于改过是真道德 …… 84
- 见义勇为是大勇 …… 87
- 什么是真正的俭朴 …… 92
- 轻诺则寡信 …… 96
- 独立不倚的操守 …… 100
- 古代儒生的"死守善道" …… 104
- 难得糊涂是境界 …… 108
- 平常心即是道 …… 112
- 越是高人越谦和 …… 116
- 什么是真正的智慧 …… 120

- 积极进取，乐天知命 …………………………………… 126
- 修养自己，艺术地生活 ………………………………… 130
- 人到无求品自高 ………………………………………… 133

第四章　智慧为人处事

- 巧言令色鲜者仁 ………………………………………… 136
- 世态人心真懂得 ………………………………………… 140
- 说话要说到点子上 ……………………………………… 144
- 谦退为上策 ……………………………………………… 147
- 曲则全 …………………………………………………… 153
- 受辱不怨的风度 ………………………………………… 160
- 对落花的不同态度 ……………………………………… 164
- 不受蒙蔽，做明白人 …………………………………… 168
- 善用恕道征服人心 ……………………………………… 171
- 不失赤子之心 …………………………………………… 175

第五章　知荣辱进退

- 富贵考验人性 …………………………………………… 177
- 能忍辱方能成就大事 …………………………………… 181
- 知终终之 ………………………………………………… 186
- 用之则行，舍之则藏 …………………………………… 189
- 不为所动，超脱毁誉 …………………………………… 192
- 功高震主 ………………………………………………… 196
- 成败皆由自己定之 ……………………………………… 199

第六章　快乐源于自我

□娑婆世界，万事都有憾 …………………… 202
□执著必然苦 …………………………………… 204
□修养不同境界不同 …………………………… 208
□真正福报是清福 ……………………………… 211
□心心念念，烦恼不断 ………………………… 216
□物来则应，过去不留 ………………………… 221
□当下成就，一切解脱 ………………………… 225

第一章　文化以立根

□传统文字的意义

在说到白话文时,南怀瑾先生说:五四运动为什么要提倡白话文?中国文学自五四运动以来,由旧的文学作品改成白话文后,有什么功用呢?几十年来亲眼所见,中国的教育普及了,知识普及了,对世界知识的吸收力增加了,无可否认,这些对于国家的进步有贡献。但对于中国文化,却从此一刀两断了。什么原因呢?中国文化库存里堆积的东西太多了,几千年来的文化都藉着古文保留着。至于接受白话文学教育的人们看不懂古文,当然就打不开这个仓库,因此从中国文化的立场看,就此一刀两断了。

那为什么要实行白话文呢?在五四运动前后,一般人认为救这个国家,必须吸收新的知识,尤其要融会古今中外的学术文化,于是老牌留学生到外面一看,任何国家的语言和文字都是一致的,因此认为中国所以不进步,是文字工具害了我们,尤其四书五经"子曰、孔子曰"一塌糊涂,非把这个打倒不可,所以提倡了白话文。

对此，南怀瑾先生有自己的观点，他说：但是有一点要注意，我们看世界的文字，不管英文、德文、法文，虽然现在的文字和语言是合一的，但是语言大约三十年一变，所以一百年以前的英文、法文书籍，除非专家，否则是莫辨雌雄。我们中国的老祖宗晓得语言和时代是要变的，所以把文字脱开了语言，只是用很短的时间，经过二三年的训练就会写出来，这个文字就单独成为一个体系，表达了思想。因此这种文字所保留下来的几千年以上的思想，在几千年以后的人看来，如面对现在，没有阻碍，它对于国家有什么错误呢？没有错。只是因为教育不普及，大家对于这个国文的修养没有学好。当时提倡五四运动的部分人士，求进之心是对的，在学问修养上，老实讲，还有商量的必要，于是这一文学革命就出了问题。

举例来讲，生活上每天必有的一件事——上厕所，我们小时候叫"出恭"，后来叫"解手"，现在叫"上一号"了，看看几十年来，变了好多。因此，我们翻开资料，对五四运动前后的白话文，现在看来，简直不通；到了现在的文章，说它不好吗？真好。好吗？文章看完了，价值也完了，多半没有保留的价值。将来怎样演变还不知道，所以你们为什么要文学再革命，我就不懂。

南先生说得不无道理。现实中，我们也有这种体会：看古文，言简意赅，意蕴深厚，而且富有美感，一旦吸收，就不容易忘却，而且往往影响一生。而看一些白话文，即使是很美的文字，但看过之后，心里明白了，但似乎没进入脑子里，也不大可能留存在记忆中多久。

就此意义讲，南先生说："文学革命，我没有资格讲，你们也没有资格讲。为什么呢？如果古文、四六体、作诗、填词，都能露一手，然后发现这种文学有毛病，这才有资格谈革命。你们现在连'命'都没有，还'革'个什么呢？你们还有文学革命的资格吗？"

说得犀利，但不无道理。一语惊醒梦中人。如今的年轻人，回头去看古文的很少，不仅是因为他不想去看，没心情去看，更是因为他看不懂，所以看不进去，这样他怎么会有兴趣看下去呢？这就无形中造成古代文化与现代人之间的一种隔膜了。虽然知识文化界不停地在把文言文通俗化，于丹讲《论语》，易中天讲《三国》，加之其他人诠释传统文化书籍，在文化图书界，几乎形成了一种重新解译传统文化的热潮。但老实说，有几个是真正领会了原书作者真正意蕴的？大多不过是借助古人，自说自话罢了。看他们的解译，远不如看原文给人更深刻的教益。这是现代文的尴尬。

从客观来说，这些解译文字是有必要存在的，虽然有较高文化素质的人不去看它，但毕竟有更广大的普通读者需要它，因此也造成了如今解译传统文化书籍的风潮。自说自话本无可厚非，但最可怕的是误解圣贤思想，甚至"拿"来其中的智慧，做不义之事。现代文字如果为一些不义之徒起到助纣为虐之事，不仅是可怕，而且几近可悲了。

因为古代文字和文言文教育的缺失，致使传统文化在国人心中多是流于表面，而不能真正进入到心里。

为什么形成这种对传统文化的回望？原因固然复杂。在社会发展的转型期，经济、文化以及人心都面临着前所未有的变化，也面临着精神和文化的裂变和重组问题。物质丰富，但人心浮躁，精神空虚，幸福和快乐指数下降，在躁动中思考，追寻生命的意义。而这个，现实的文化，似乎太流于形式，太变幻莫测，不能给人踏实和信任感，从现有的文化中，似乎也找不到可以让人安慰的答案，于是，只有回望过去，钻进历史的故纸堆中去寻找……不进则可，一旦投入到先哲创造的文化中，会惊奇地发现：很多话都让先哲们说尽了，很多聪明智慧已经被他们发掘出来了！

历史的车轮滚滚向前,但真正的"道"从来就没有远离我们,它一直还在左右着历史和人类前进的步伐,决定着我们生命的前始后终……科学和物质文明发展到如此的昌盛,但生命中真正的需要并没有改变,改变的只不过是形式而已;人们的精神并没有因为物质的昌盛而丰实,反而有了倒退之嫌疑。

所以,南怀瑾先生在一次讲佛法时说:"站在物质文明的发展来说,时代愈来愈进步;站在人文、道德、精神来讲,愈来愈堕落,是退步的。所以我们现在讲时代进步,是站在物质文明的立场来说的,佛法是从人文的立场来看时代的。"

当我们遇到困惑时,在现实中找不到答案时,就不免回首过去,期望从历史中找到答案。所谓"以古鉴今",历史是一面镜子,虽然它早已经过去,而天道和人情以及事理,毕竟没有远去,不同的只是形式而已。在历史中,我们会让自己在紧张而忙碌的生活中沉下来,进行思考,希望找到的不只是答案,更有精神的慰藉。也因此,古代的文字和文言文,我们看上去陌生,其实是那么的亲切,多么希望去了解它,去挖掘出其中的金子来,为我所用,指导我们当下的生活。南先生是钟情于传统文化的,对于我传统文化的思想和意趣是深解其中三昧的,他看到了其中的深藏的宝藏,所以,即使在人们久已漠视文言文的今天,先生始终如一地宣传着传统的文化精神,亲自践行着传统文化中的士人精神,让我们在一片苍白的现代文化中,看到了传统文化的力量,也因此,南先生引领着一起又一起的"国学"热。

越来越多的有识之士,看到传统文化的长久生命,所以转向对它的关注。于是,出现了解译国学的热潮。这是没办法的事,只是因为传统文字与现代文字间的隔膜,才让我们不得不这样解译,如果不解译,广大的人民群众看不懂,也不费心费力地去看,就只好如此了。南先生当然是看得懂古代文字的,但为了宣传传统文化,他不得不对传统文化进行解译,在研究的同时，自负一份使命，做着自己的工作。他深入浅出的解译，不仅继承了先哲的文化理念，而且有自己的独到创新和认识，实在是难能可贵的。在这方面，他做出了巨大的贡献，影响深远，也成就了自己"国学大师"的美誉。

只是，如今更多的解译是五花八门，良莠不齐，令人担忧的。不要说达不到南先生的解译，达不到于丹、易中天的解译，就是通读也是有困难的，不过是东抄西挪，东攒西凑而来的"快餐品"。这在图书界表现得十分明显，不能不令人担忧。

但是，我们已经没有了回头路，只有朝前走，只求一些有责任的人，能真正地遵从古文的意旨，用好古文，趁此"国学"兴起之风，不失知识分子的良知和责任，把优秀的传统文化继承宣传好，同时也运用好现代文字，使二者能真正结合起来，做到古代与现代的有机结合，相互为用，这样，才能更好地传承文化，让古文生命长存，让现代文不会因肤浅而流走得太离谱。

□ "三家店"卖的是什么

　　南怀瑾先生说：唐宋以后的中国文化，要讲儒、释、道三家，也就变成三个大店。佛学像百货店，里面百货杂陈，样样俱全，有钱有时间，就可去逛逛。逛了买东西也可，不买东西也可，根本不去逛也可以，但是社会需要它。道家则像药店，不生病可以不去，生了病则非去不可。生病就好比变乱时期，要想拨乱反正，就非研究道家不可。道家思想，包括了兵家、纵横家的思想，乃至天文、地理、医药等等，无所不包，所以一个国家民族生病，非去这个药店不可。儒家的孔孟思想则是粮食店，是天天要吃的，五四运动的时期，药店不打，百货店也不打，偏要把粮食店打倒。打倒了粮食店，我们中国人不吃饭，只吃洋面包，这是我们不习惯的，吃久了胃会出毛病的。要深切了解中国文化历史的演变，不但要了解何以今天会如此，还要知道将来怎么办，这都是当前很重要的问题，因此我们要研究四书。

南先生对于中国传统文化中的儒、释、道的三个比喻，十分形象贴切。只要对传统文化有所了解，就不能不为先生的这个比喻而深有意会。的确，对于佛教来说，虽然它进入中国已经两千余年，对中国文化影响深远，而且常深入到中国人民生活的方方面面，上自皇上，下到平民，都曾把佛教当成一种儒教之外最重要的教育，而不仅仅是宗教意义上的信仰和崇拜。在古代，佛教寺院大大小小充斥在市井乡间，多如牛毛，它所起的作用，不只是佛教层面上的，更是教育意义上的。比如，古代的读书人，赶考路上，经常是借住在寺院的，可见寺院有学校的功能。古代的知识分子，读书入仕，功成名就后，一般也与佛家有密切联系的。为什么？出于一份修养的要求，也是暂时得出世之心灵的慰藉。

真正意义上的佛教从来就不是迷信的，不是市井小民苦难中的求保佑，而是一种与做人做事与修心养性相结合的教，所以佛教不是高高在上的空头理论。真正意义上的佛教从来也不是脱离俗世的，而是要求信徒从做人开始，做好了人，再去修佛，普度众生，从眼前的生活实践开始，以自己的经历和实践修证佛法，这样才可能成佛。也就是说，佛不在成天做样子的形式中，而是在自己的体悟中。真正的佛法，也不是消极的，叫人万念俱灰，心如止水，更不是告诉你一切是空，而是告诉你认识到个人不可超越的局限和人生的无奈，认识到欲望无底洞似的可怕，认识到一切是暂时的，转瞬成空，如风过竹林，曾有音响，但过去无声无痕。就此意义上，佛家说"空"，而不是叫人归于死水般，消极地等死，而是尽人事而听天命，精进的同时，远离祸患，修养自己，以利众生。如果一个人不好好做人，转求佛保佑升官发财，那基本是没用的；如果想逃避现实，躲进佛教世界求清静，那也基本是没用的。做不好人，不可能修成佛，不能自救，佛也救不了你。

正因佛教的这种现实意义，两千多年来，佛教融入我们的文化，并经过中国人的创造，对中国文化起到巨大的丰富和促进作用。但是，正如南先生所说，佛教犹如百货店，你有需要时就进，没需要时不进亦可。个人如果能安顿好自己，没必要一定接近它，如果接近不妨作为修养和知识的提高。但是就社会来说，佛教毕竟起着润滑的作用，所以它作用不可低估。它能够传承两千多年而不衰落，在如今浮躁的社会人心背景下，更有日益高涨之势，不能说没有它的道理。

道家文化，是我国的本土文化，道教，是我国的本土宗教，它有着高深的智慧。有一个人从小就研究道教，同时深通中医学，并一生研究道教。他曾说："外国的文化，远没有我国文化的深奥和智慧。尤其是道家文化，里面的智慧是很深的。研究透了，一生用之不尽。"道家文化中，不仅有老庄自由洒脱，自然无为的思想，更有高妙的做人做事智慧。不仅有辩证统一的阴阳五行，更有变幻莫测的八卦理论；不仅有纵横捭阖之术，更有天文地理医学之妙。抱朴归一，阴阳相生，有无互变，否极泰来，物极必反，无为而治，避免纷争，守柔示弱，智者无言……等等智慧，都深刻地影响着自古以来的中国人。身体生病了，有中医学，草虫皆可入药，而且不仅治标，还能治本。心理有困惑了，为人处事出现了问题，束手无策，不知所措了，也可以把阴阳纵横术"拿"来，把抱残守缺，以退为进，守柔示弱等"拿"来一用，总能在变幻万千，但万变不离其宗的现实中找到应对的方略，为自己解开人生的迷局。所以，南先生说，道教犹如药店，生病了就感觉到它的必要性了。人吃五谷杂粮，怎么能不生病？所以道教文化其实从没离开过我们中国人的生活。历代的帝王将相，他们治国安民韬略，明哲保身，持盈保泰，修身养性的生活方式等，都没离开过道教。

作为本土宗教文化，真正的道教文化，也不是民间那种跳大神似的崇拜，但自有它的力量在。几千年来，道教以它强大的吸收力量，始终保持着自己的独有地位和玄妙不可测的文化魅力，吸引着一代代的中国人进行研究和传承。如今，在国学热潮下，道教文化也甚嚣尘上，虽然对它的解译良莠不齐，但毕竟由此可看出它影响深远的生命力。

儒家文化，以孔孟思想为主导，是中国几千年来传承不断的主导文化，也可以说是官方支持的正统文化。它虽然给人以堂皇正大之感，但毕竟是中正大气，大方得体，既有身份，又不失人性；既有严格不可犯的一套伦理观念，又有其符合人性人情的道义思想。几千年来，儒家因其正大光明又容易为人接受的教化作用，在中国代代相传，具有强大而不可替代的作用，可以说，它一直统领中国的各流派文化；它以巨大的包容性，对于中国文化起到了重要的润滑和和谐作用。正心、修身、齐家、治国、平天下，提出只有先做好人，修身齐家，才能做好事，成为社会的有用之材。坚守忠孝仁义礼智信，躬行温良俭让之风，由内修而外化，成就一个人，然后再去成就功名和自我人生的价值。与佛家的离世和道家的无为相比，儒家更积极，是入世的，在追求"明心见性"的同时，更追求"经世致用"之学；"尽性"，不泯先天的赤子情怀，不失本性，遵天命但也要"尽人事"，追求"立功、立言、立名"人生"三不朽"的事业，为此"安贫乐道"，甚至舍生取义，以达"内圣外王"的境界。

从内而外，儒家对于人生的态度是积极的。所以，儒家成为现实生活中国人奉行的"标准"文化。就像创始人孔子那样，在他的有生之年，为实现自己政治理想四处奔波，但终不得志，但他并不因此自暴自弃，气馁不振，也不为此仇恨社会，玩世不恭，自甘下流，而是坚持自己的人生理想，坚持走正道，积极地在有生之年"尽人事"，安贫乐道，乐此不疲地从事教育事业；但同时也遵守"天命"，知道勉强不来，成事在天，所以他又能"乐天知命"，不与命争，不做无谓的执著以自苦。正是由于他的这种坚持又乐观的精神，成就了他的万世不朽之名。

由此影响所致，中国历来的知识分子，都有一份忧国忧民，"穷则独善其身，达则兼济天下"，不轻易舍自我，也不轻易弃社会的追求。所谓"人生不满百，常怀千岁忧"，"天下兴亡，匹夫有责"，为此，"先天下之忧而忧，后天下之乐而乐"，这是中华民族的精神之魂，也是中华文化绵绵不绝的原因所在。也正因此，儒家文化，代代相接，为人所接受传承。

直到五四运动，掀起新文化运动的高潮，西方所谓的民主和自由的进入，从文字的打倒，到文化的打倒，儒家文化遭受前所未有的打击，以致数十年来几近断绝的命运。这不能不说是一场中国传统文化的浩劫。好在，儒家文化影响深远，它已经深深扎入到国人的血脉中，流淌不止，从未在民间消失。

如今，随着国学的重新被重视，儒家文化重新被重视，其中"和谐"的核心价值和作用正重新被国人提起，并影响到全世界。

文化的回流，正说明其精神光华的光彩和力量，由此，我们也不难理解南先生所说的，应该重新发现传统文化的价值，重新研究古代的四书五经和诸子百家之学说，无论对于现实，还是未来，都是很有意义的事情。

□所谓的思想在哪里

南先生说：我们知道，现在整个世界的动乱，是思想问题。所以我在讲哲学的时候，就说今天世界上没有哲学家。学校里所谓的哲学，充其量不过是研究别人的哲学思想而已。尤其是作论文的时候，苏格拉底怎么说，抄一节；孔子怎么说，抄一节。结果抄完了他们的哲学，自己什么都没有，这种哲学只是文凭！世界上今天需要真正的思想，要融会古今中外，真正产生一个思想。可是，现在不止中国，这是个思想贫乏的时代，所以我们必须发挥自己的文化。

如南先生所说，如今的世界，科技发达，信息爆炸，物质昌盛，但精神贫乏，人们普遍找不到精神的归宿，信仰和价值失落，道德下滑，精神空虚无着，如浮萍，没有根依，漂泊无寄；如流沙，随波逐流，完全不能自主。人为物役，人为钱使，脚步匆匆，奔波忙碌，却不知走向何方，归往何处，也懒得去想，于是，大部分的生命就这样浑浑噩噩，工作为了生活，活着为了活着，至于是否感觉到充实、满足、幸福和快乐，似乎根本也不去想。如佛家所说，生命在这种"被逼迫"中前行，如被风裹挟着的孤独一叶，任由风吹，漂来漂去……生命中所谓的快乐也多是浅层次的，肤浅的，甚至是庸俗的，如同今天经常吃的快餐，太忙了，不吃不行，但吃过了，实在没有味觉的享受。

快乐和幸福以及满足感，应该说都不是来自外部世界，而来自于内心。而真正的快乐和幸福感，也许与物质有关，但实在说所需很少，不需要所谓的名利、金钱和地位，当然，人因为欲望，总认为这些与快乐相关，而只有当你得到这些时，才发现并明白，真正的快乐与此无关，也由此明白自己真正需要的是什么。真正的快乐，也许与人有关，但并不能指望别人能为自己带来，而只有自己去寻找，去体悟。

总之，快乐和幸福，在自己的心里，在自己的努力争取中。那么，如何找到它们呢？回答是，你要拥有自己的思想，有自己的深度。换句话说，真正的快乐和幸福来自于思想，来自于内心的充实和满足。

那么，思想来自于哪里？回答是，来自于自觉的反省和自觉的学习中，来自于对生活的实践和感悟中，来自于自觉的完善和修养中，来自于对自我的发现、充实和证明中，来自于对自己的释放和对他人的奉献中。

而这些，都需要真诚而投入地生活，需要沉静地修养自我，需要自觉精进的进取之心。只要你做个有所追求的有心人，不随波逐流，不失自我，有自己的操守，守护好自己的精神家园，如古人那样，先修身，做好人，然后才能做好事，内外兼修，在有生之年不断完善己，实现自己，为此上下求索，九死而不悔，那么，你的内心就永远不会空虚。心中充实有物，有坚守，就会有自信和力量在，这样，自然每走一步都是沉甸甸的扎实，生命的质量和快乐当然也会相伴。

一个内心丰富，有修养的人，自然也会拥有更多智慧和从容，应对人生中面临的顺逆得失，成败穷通，无论幸与不幸，他都会调整自己到最佳状态，坦然面对，积极应对，明白进退取舍，也知道人生也有无奈和遗憾，所以有些事情尽心尽力就已经足够，不必太勉强，太执著。既能吃苦也能享受人生，不安现状，积极进取，开拓更广阔的生存空间，最大限度地发挥自己，释放自己，在有生之年，最大限度地实现自己，同时又能安分守己，知足知止，乐天知命，乐观豁达。所以，一个有思想的人，往往也是一个有智慧的人，一个可以活得既成功又快乐的人。

这是从个人的安身立命角度谈思想的重要性。

从国家和民族的大文化角度，思想的重要性更不必待言。思想性，是一个民族文化的集中体现。思想是文化之魂，而文化是民族之魂。所以，思想是一个民族文化的核心所在。中华民族文化源远流长，博大精深，虽然它看不见，一句话说不清，但它无形中在起着巨大的纽带作用，使中华民族长盛不衰，历久弥新，如今更显示出强大的生命力。这一切，源于文化和思想。而这个思想，如果要寻找它，最好钻进我们的传统文化中，因为它们承载着我们伟大的民族思想和精神。

中华民族自古有"慎终追远"的思想，这虽然是说对祖宗的思念和敬爱，但也能说明我们文化的承上启下的理念，在回望和止溯中，我们怀念古代的文明，追思先哲的伟大人格和思想，怀想过去，遥想未来，在这种远思冥想中，我们传承先人的思想，融入自己的生命中，也把这种思想的命脉代代相传，发扬光大。

□师道精神不可丢

南怀瑾先生说：谈到过去的道，在人文世界的道中，就有这三道：一个是"君道"，讲究如何领导，如何当家长，如何当国家的领袖，乃至如何当一个班长，这都是"君道"。其次是"臣道"，就是说我们怎样做一个忠实的部下，怎样帮助人完成一件事。再其次"师道"。中国过去的文化中，这三道是合一的，所谓作之君、作之弟、作之师。换句话说，那时的教育、行政、司法和教化集于一身。那么师道的精神就形成了中国人尊师重道的观念，所以老师称学生为弟子，弟等于兄弟，有朋友之间的友情，又等于自己的孩子，所以学生称弟子，再传承门下，这个观念和习惯是这样来的。

古代的君臣、父子、师徒等关系，有一套严格的制度规范，也是封建伦理制度的重要组成部分。所谓"君君、臣臣、父父、子子"，应该说，还有一个"师师"，每个人要站在自己的角度，做好自己，这样整个社会的礼制才会有条不紊，秩序不乱。无论对于个人，还是整个社会，这是十分有意义的。不仅有道德上的约束，更有外化于形式上的礼仪规范，使人们有章可持。

君主礼贤下士，仁政为上；臣子忠君如孝亲，尽忠效力。而老师与学生的关系呢？又像父子，又像兄弟，所谓亦师亦友的理想关系。像父子，说明师道的尊严，老师必须有布道者的威严；像兄弟友人，是说师生在学问上是平等的，互相切磋技艺，教学相长，互相砥砺。

在传统社会，师道尊严很是受尊重的，老师对于学生的影响是终身的。从蒙学开始，到长大后的求学，老师对于学生的影响是深刻的，也是一生的。为了激励学生向上，老师不光是循循善诱，而是软硬兼施的，不只是因材施教的鼓励，也有学生不自学时的体罚，比如，用戒尺打学生的手掌心，甚至用鞭子抽一下学生的屁股，这种事是常有的。

毕竟，一个人的成长是曲折的，在幼年时期的学习，往往是不自觉的，需要有老师的引导和监督。人不是生而知之的，往往需要后天的学而知之。玉不雕，不成器。所谓"有所不为才能有所为"，人性并非天生良善，欲望也需要有所规范和节制，所以，要想真正走向正道，并且有所成，人要走的路很曲折艰难。在这种情况下，没有一些必要的限制和规范，有所不为，有所戒除，怎么可能成器呢？所以，传统社会中，老师用"戒尺"对学生进行善意的体罚，是有必要的。传统社会教育的严与宽，是有机结合在一起的。

现代社会，由于西方文化的影响，所谓的个性和自由抬头，以为传统社会的一些必要的小体罚是对人性的不尊重，对个性的伤害，对自由的无视。这实在是没有道理的一种片面误解。传统社会中，那些功成名就的杰出人士，也并没因小时候受过某老师的体罚而记恨终生的，相反，没有不对自己的老师心怀感激的。而今天的学生，稍微受到老师一句指责，就可能诉之为人性的恶毒伤害，更不要说动学生一根指头了。时下的人们，很少有人会对哪个老师终身感谢的，时下的老师，也很少有能给学生留下深刻印象的，更不要说影响学生的一生了。

时下的人们，对老师的尊重，也很难说是真正的尊重，多是为了学到所谓的知识，考试能通过，或者得个好分数。从幼儿园，到大学，对老师的送礼成风，老师们也似乎受之理所应当。有几个老师，是真正以布道者自居，以教学生做人为上的？有些恐怕连他自己做人还没做好，又怎么能教好学生呢？有些学生不把老师放在眼里，对老师表示真诚尊重不够？即使是老师越来越受到重视，待遇如同公务员的今天，社会上的尊师重道之风还是多流于形式而已。

大教育家孔子已经算是圣贤了吧，他对学生严宽结合，因材施教，学生对他崇敬，与他是亦师亦友的关系。而孔子本人，敏而好古，对几岁的儿童也可以做到不耻下问，对年长于自己的资格老者更是毕恭毕敬的。

对于当时的大学问家老子，孔子是久已仰慕的。只苦于没有当面聆听受教的机会。公元前521年的春天，孔子的学生宫敬叔奉鲁国国君之命，要前往周朝的京都洛阳去朝拜天子。孔子认为这是一个向周朝守藏史老子请教"礼制"学识的好机会，于是，在征得鲁昭公的同意后，他与宫敬叔同行了。

到达洛阳的次日，孔子便徒步前往守藏史府去拜望老子。当时，老子正在书写《道德经》。当手下人通报说孔子来拜见了，老子也不敢怠慢。毕竟教育家孔子也是名闻天下了。老子赶忙放下手中刀笔，整顿衣冠出迎。

孔子刚一进大门，就看见一位年逾古稀、精神矍铄的老人从室内走出来。他心想：这一定是我要拜见的老子了。也赶忙快步走到老子的跟前，恭恭敬敬地向老子行了一个庄严的弟子礼。

然后，孔子跟在老子后面，一前一后步入大厅。进屋后，孔子再拜，然后才落座。

老子问："孔丘此来，所为何事啊？"

孔子离座站起来，恭敬而真诚地回答："学生学识浅薄，对古代的'礼制'一无所知，今天是特地来向老师请教的。"

看到见孔子如此好学，态度诚恳，老子也当仁不让，侃侃而谈，讲了自己对于"礼制"的独到见解。孔子在一旁专心聆听，频频点头，表示出赞同和敬佩之情。老子也似乎得到了知音一般，越说越有兴致，两人相谈甚欢。此行让孔子受益匪浅，老子对孔子的影响也从此开始了。

回到鲁国后，学生们也十分踊跃，想听听老师孔子从老子那里学到了什么知识。一个个争先恐后地向老师发问，请老师传授学识。

孔子一开口就忍不住赞叹说："老子真是了不起的人啊！他学识渊博，通晓古今，深解礼制，通晓礼乐之源泉，明白道德之始终。他果然是名不虚传，确实是我的老师啊！"

对于老师的崇拜之情，溢于孔子言表。他还打比方赞扬老子说："鸟，我知道它能飞翔；鱼，我知道它能游动；地上的野兽，我知道它们能够跑。对于那些善于跑的野兽，我可以结网来逮住它；对于水中游的鱼儿，我可以用丝条缚在鱼钩来钓到它；对于空中高飞的鸟儿，我可以用良箭把它射下来。但对于龙，我却不知道它是如何乘风云而上的。老子，其犹龙邪！"仍忍不住浩叹不已……

孔子拜见老子的故事，不仅说明了老子确实有其高明的智慧，更说明了大教育家孔子尊师重道，谦虚求学，不耻下问的精神。

古代的儒生们，对于修身求学，是十分虔诚的。而那些在学术上有非凡成就的儒生们，就更是一生秉承尊师重道的求学精神，为此历尽艰辛，上下求索，不辞辛苦，以求道为人生的最大旨趣。"程门立雪"的故事，就能说明古代儒生们的虚心求学，尊师重道精神。

宋代的程颢、程颐两兄弟，在当时就是名满天下的大学者了。当时有个进士叫杨时，他一心向学，有志于学问之道。为了丰富自己的学问，他毅然放弃了高官厚禄，独自一人跑到河南的颍昌，去拜程颢为师，虚心求教。程颢见他如此心诚，很乐意地收他为徒，他学习也十分刻苦，日日在老师门下聆听受教，精进不已。

程颢死后，杨时还不满于自己的学问，他要继续求学。于是，他又跑到洛阳去拜程颢的弟弟程颐为师。

一天，他和一个志同道合，同样想求学的朋友在一起，到程家去拜见程颐，希望能拜在门下为徒。不巧，程老先生正闭目养神，当然不方便打扰。

此时，外面开始下起雪来。但杨时和他的朋友，并没因此离开。因为他们求师心切，但又不能打扰老师，于是，两人便恭恭敬敬地侍立一旁，等待老师。

等程颐睁开眼睛时，门外的雪已经积了有一尺多厚了！老先生定睛一看：有两个大雪人，恭恭敬敬地站立在那里，一动不动呢！这是谁呢？问及下人，才得知是两个慕名求学的人。无比感动，当下收下两人为徒弟。

这就是"程门立雪"的故事，这个故事在当时就已经是口口相传，流传很广了，可见当时学风之盛。这个故事代代相传，成为人们对尊师重道，虚心求学经常引用的典故。

近代伟人周恩来，对自己的老师也是十分敬重。即使贵为共和国的总理，他在老师那里，也总是以学生自居，从不摆架子。

1952年2月，周恩来的母校——南开大学老校长张伯苓，突然患脑血栓逝世了。周恩来得知消息后，十分悲痛。

在日理万机的情况下，他推开其他事务，专门抽出时间，来参加老师的丧礼。并送上自己敬献的花圈。周总理在花圈的白色缎带上写着："伯苓师千古，学生周恩来敬挽。"

张伯苓逝世后，周恩来在百忙中，也并没有忘记老师的家人。1961年国家困难时期，周恩来专门给张伯苓的夫人送去了500元人民币，并嘱咐相关部门，要加倍关照张夫人及其子女。

在国家困难时期，我们这位共和国的总理，有多少事情要处理啊，但他从来不会因为国家大事，而忘了一家之小事。通过这件小事，可见周总理对自己老师的尊敬，犹如尊长孝亲，令人感动。事情虽小，但小事见出大风范。伟人做小事，更见其高尚之道德。

□温、良、恭、俭、让

南怀瑾说:"温"是绝对温和的,用现代的词汇来讲就是平和的。"良"是善良的、道德的。"恭"是恭敬的,也就是严肃的。"俭"是不浪费的。"让"是一切都是谦让友好的、理性的、把自己放在最后的。上面这五个字,也可以说是五个条件。描写了孔子的风度、性格及他的修养。这五个字包含了许多,也就是中国儒家教人作为一个人,要在这五个字上作重大的研究,多下功夫。

这五个字,是孔子的学生子贡对孔子的评价,其实是说孔子的修养。作为儒家的创始人,孔子的修养也成为几千年来中国儒生的修养标准。温、良、恭、俭、让,可以说,集中了古代知识分子"正心、修身、齐家、治国、平天下"的内在品质的外在表现。这些不是虚的,而是学识和修养的结果。

孔子的常识和悠闲自然不必多说,所以他的修养自然是高深的。他既是儒家的创始人,又是万世之表,其学识和为人处世的风范为人们所敬仰,所效仿。

修养,是一个人追求、人品和学识的外化,是他长期自觉修养自我的结果。修养怎么来呢？不仅需要学识学问，还需要生活经历、体验和用心的感悟，更需要对自我的反省和自觉修炼，当然，还需要一个过程，这个过程往往很曲折，是一个不断磨砺的过程。所以，真正的修养，又是时间沉淀下来的，是内外兼修的结果。平常我们看到一个人谦谦君子，或者文质彬彬，温文尔雅，是装不出来的，而是知识文化熏陶出来的，是生活经历磨砺出来的，是自我思想和智慧自然的流露，所以，让人看上去肃然起恭敬之心，生谦谦文明之礼。

孔子为什么能表现出如此的风度和气质？当然是他长期修炼的结果。所谓"人有人相，鬼有鬼相"，圣人之表，自然是正大庄严的；小人的形象，往往不是獐头鼠目，就是庸俗猥琐，不能坦然正大的。

一次，孔子的学生子夏问孔子："老师，颜回这个人，为人怎么样呢？"

孔子回答："颜回的仁德比我强。"

子夏问："子贡的为人怎么样？"

孔子回答："端木赐的口才比我强。"

子夏问："子路的为人怎么样？"

孔子回答："仲由的勇敢比我强。"

子夏问："子张为人怎么样？"

孔子回答："颛孙叔的矜庄比我强。"

子夏听到此，有些坐不住了，起身问道："可是，老师，这四个人为什么来做您的学生呢？"

孔子说："别激动，坐下来我告诉你。"

然后，他接着说："颜回虽然仁德，却不懂得通权达变，子贡虽有辩才，却不知收敛锋芒，仲由虽然勇敢，却不懂得畏怯，子张虽矜庄，却不懂得随和。以他们四个人的优点，来和我交换,我也不答应的。这就是他们拜我为师的原因啊!"

从这里,我们不仅看到孔子对他的学生的认识能力,能看到每个学生的优缺点,但也更说明孔子是多么有自知之明,而且心怀谦虚,善于学习,该当老师时就当老师,该当学生时就当学生,可谓思想灵活,作风正派。

孔子既是一个圣人,当然就有他的过人之处。不是所谓的功成名就,而主要是指他坚持一生追求的伟大事业。正是这种事业追求,让他对自己严格要求,无论是学问,还是生活,无论是做人,还是做事,无论是顺境,还是逆境,他都能做到非凡,以最高标准要求自己,为此上下求索,九死不悔,坚持一生。正如他自己所说,他的休息只在坟墓。那么,他的这个最高标准是什么?当然是一种超越了个人意义的,具有普世价值的思想和精神,这种思想,不会因为时间的流逝而泯灭,也不会因人因事而改变他的价值。

为此,他能够忍受现实的一切挫折和不遇,始终不渝,耐住寂寞,安贫乐道,乐天知命,不改初衷,善始善终。因为他相信,他追求的事业,是有意义的,不仅功在当代,而且利在千秋,是千秋事业,在身后,迟早会大放光彩的。果然,在他身后五百年的汉朝,他的思想被堂而皇之地名以重教,成为儒教之显学,福泽万代,他本人,也终成万世之表。

南先生说:孔子的目的,就是中国古代的"淑世主义",他具有救世救人的思想,也就是我们前面所提到的他的千秋大业。千秋大业就是学问思想,千秋事业在当时是很寂寞的,例如孔子、老子、释迦牟尼、耶稣、穆罕默德,等等,在当时并未受人重视,可是德及万世,名震千古。孔子这种千秋事业是要集中国文化、思想、精神之大成,认清楚自己的任务,牺牲现实的荣华,才能够做到。所以子贡对子禽说,你们问到老师究竟为什么?你看看老师是这样一个人,如果你一定要认为他对政治有野心、有要求的话，恐怕他所要求的，也不是一般人所能了解的。

别人不理解，什么关系？一个人只要自己认定了，也无须听别人的意见，更无须理会别人的误解和长短之论。这样，才能专心致志做自己的事业。孔子一生坚持苦学、苦修，即使在不遇时，在挫折时，也不气馁，总是积极乐观地坚持前行，也从不对社会人心生出不满、牢骚或抱怨，而是坚持走正道，绝不走邪辟之路，所以，他以自己的一介知识分子之身，能成就正大庄严，可为后代上自皇上，下到平民都可受用的儒家思想，既有严肃正统的思想，更闪烁着人性的光芒，所以，他的学说具有亘古常新的生命力。

人有高下，品有高低。一个有着如此标准和风格追求的人，他的修养当然也是超出一般人的。温厚，善良，恭敬谦卑，朴素节俭，谦退有让，就是所谓的"温、良、恭、俭、让"了。孔子的修养和风范，自他的儒家学说大行其道后，他的这种温良恭俭让之风也成为传统知识分子言行风范的追求标准，深刻影响着中国自古至今的士人和知识分子阶层。

但是，不能不说，今天的一些知识分子，与传统社会的相比，少了几分对自己做人和修养的要求，更没有孔子及其后一些知识分子不惜一生寂寞，也要坚守道义的文化追求，自然表现在外面的，就少了几分正大庄严，取而代之的是受时风影响下的热心于自我宣传，如明星般的走穴，少了谦卑敬畏心，更没有了俭朴的赤子情怀，倒多了许多浮夸张扬之风，不能不说是文化的悲哀。

一个人，尤其是文化人，没有文化的责任和使命感，不注意修养自己做人做事的风格，不以道义自律，无视传统文化的传承和命脉，就不可能继往开来，完成自己做为一个知识分子的使命。当然，连人也完不成的人，更难以完成什么文化事业。

□儒家对诗文的重视

南怀瑾先生说：儒家何以对诗的教育看得那么重要？因为人生就有痛苦，尤其是搞政治、搞社会工作的人，经常人与人之间有接触、有痛苦、有烦恼。尤其是中国人，拼命讲究道德修养，修养不到家，痛苦就更深了。我经常告诉同学们，英雄与圣贤的分别："英雄能够征服天下，不能征服自己，圣贤不想去征服天下，而征服了自己；英雄是将自己的烦恼交给别人去挑起来，圣人自己挑尽了天下人的烦恼。"这是我们中国文化的传统精神，希望每个人能完成圣贤的责任，才能成为伟大的政治家。

南先生在这里，说的是一个从事政治的人，在面临事业和人生等种种问题时，难免痛苦，而痛苦如何解决？没人能够帮得上忙，唯有靠自己。靠自己什么？靠自己内心的力量。内心的力量表现何在？主要是指一个人内心世界的丰富和能量，弹性和张力，而这个，其实就是一个人面对外在世界的修养问题了。而修养靠什么？光有知识当然不行，最主要是生活的磨砺，在体验基础上的用心感悟，在感悟之中思想、智慧和力量的生发。

儒家所谓"明心见性"，道家所谓"抱朴归一"，坚守"真元"，佛家所谓"修心养性"，都是说，一个人修养自我，保持"本性"和"真我"，在纷纷扰扰的世俗中，在为生存，为名利地位而忙碌的生命中，不能随波逐流，失去自我，而是要刻意地为自己的内心留出一片干净无尘的绿地，并守护好自己的这片精神家园，以做到"以不变应万变"，出入、进退和取舍皆能达到智慧而自如，在不可自主的世间，保持一份独立和宁静，保持一份超脱和自由，这样，才能远离世间的假恶丑的侵蚀和祸患，减少那些无谓的"执著"之苦，减少个人局限性和人生的无奈带给自己的无尽烦恼和痛苦，让人生在洒脱中多一份快乐和不羁的自由。

而所有这些，知识本身是给不了的，功名富贵也是不能解决的。即使是修身养性本身，似乎也是十分枯燥痛苦的。而诗，作为"言志"和"言情"之载体，却能给人的精神以极大的满足、轻松和愉悦。为什么呢？诗不仅言情言志，有抒情作用，可释放一个人的心志，还原一个人的真实情怀，让人有回归天然本性的畅快感，同时，诗富有音乐韵律感，让人生出乐陶陶之愉悦，还能生出富有空间美的画意来，此所谓"诗情画意"也。人生因为诗而多些诗情画意，变得快乐增多，意义增多。在一个心中有诗的人眼里，世界和现实的丑陋也会淡化许多——因为他只看到了其中的美、真和善，看到了那份回归天然的简单和淳朴。

古代的从政的官员，本来都是通过读书而入仕的，当时的科考制度，本来就是以做诗文为主的，他们自小就与诗书文章结下不解之缘，所以，入仕后，也把这份诗情带入日常的工作和仕途经济中。作诗作文，是他们一种重要的生活方式，也是他们在忙碌之暇的一种休息。从上古时的《诗经》开始，到后来的《离骚》，辞赋以及后来的唐诗宋词元曲明清理学诗学，等等，都说明了我国自古就是一个尊重天性，追求诗情画意，崇尚诗歌的国度，诗歌对我国源远流长的文化和文明起到巨大作用。而那些作诗的作者们，也多是走入仕途，有一定社会地位的官员，而并非后来与政治关系不大的职业诗人和写手们。

由此可见，诗歌在古代，不仅是一种修养自己，娱乐性情，陶冶情操，提高审美的文艺爱好，更是一种安身立命，修养自己，步入仕途，求取功名的重要途径，任何一个读书人，都要会作诗。所以我们看到，古代的蒙学教育中，早早就让幼儿背诵《三字经》《百家姓》《千字文》，培养作诗作文的语感，到后来的《诗经》《离骚》以及四书五经等的必读，诗歌渗透在读书人的整个读书生涯和人生之中。所以我们看到，很多人在五六岁、七八岁时，就能作诗赋文了。与此同时，情志的培养，做人的修养也从小树立，这是十分了不起的，也是十分必要的。所以，我们看到儒家，十分重视诗歌教育，从中也可体现出其重文尚德之风，

从小没离开过，影响一生，长大入仕后，当然也离不开它。这就是诗歌对于古代知识分子和官员的价值。从现实的角度来说，诗文确实对一个人的修养起着重要的作用。正如南先生所说，从政的成天忙于公务，可谓身心疲惫，面对现实的种种压力、纷争和倾轧，内心的痛苦自不待言，此时，如果以诗文娱乐，可减却不少人生之累。无论司马相如，还是屈原，无论是曹操，还是李白，无论是苏轼，还是乾隆皇帝……无论男女老幼，无论地位尊卑，不要说读书人，上自皇帝，下至草民，都能随意唱和一下诗文，是一种社会之风气了。

而现在的人呢？诗文传统早已离我们远去。不要说从小能作诗作文，就是长大成人后，让他写一篇文章也成为抓耳挠腮的难上加难之事。如今通讯发达，电脑工具化，知识满天飞，忙碌而聪明的现代人，就更不必像先人那样，费尽心思的"一句三年得，一语双泪流"地苦吟了。心情浮躁着呢，生存压力太大，忙着赚钱呢，哪里有心情"犯酸"作诗作文呢！不如复制、粘贴过来，省时又省力！从政的官大爷们呢？诗文更是离我远去，哪里有闲心弄那个？还不如没事"搬砖"，或者去歌舞厅潇洒一番，更加爽快尽兴呢。当然，也有不少喜欢舞文弄墨的官员，比如在公众场合写写书法，题题字，就已经算是文化不浅的大人了。真是今非昔比，社会人心已然大变。让人不能不感叹。究竟是哪种活法好呢？

所以，南先生说：碰到人生的烦恼，西方人就付诸宗教；中国过去不专谈宗教，人人有诗的修养，诗的情感就是宗教的情感，不管有什么无法化解的烦恼，自己作两句诗，就发泄了，把情感发挥了。同时诗的修养就是艺术的修养，一个为政的人，必须具备诗人的情感、诗人的修养。我们看历史就知道，过去的大臣，不管文官武将，退朝以后回到家中，拿起笔，字一写，书一读，诗一诵，把胸中所有的烦闷都解决了。不像现在的人上桌子打麻将或跳舞去了。这种修养和以前的修养不同了，也差远了。

儒家为什么如此重视诗歌教育？当然与其积极实践人生，追求人生"立功、立言、立名"的"三不朽"事业有关。人生态度很严肃，也对自己有较高的期望，重名节，为此可以忍受人生的诸多苦痛，做到"安贫乐道"，他们得遇时，则努力实践人生理想，实现抱负，不遇时则"潜居抱道"，以待其时。所谓"穷则独善其身，达则兼济天下"，这就是多数儒生的人生理想。而为官有位时，为了追求个性与社会共性的相融合，追求"内圣外王"，平时走中庸中正之道，以求达到内外的和谐发展。

当仕途坎坷不遇时，他们以诗文抒发心中的块垒；当意气风发，怀抱得展时，也以诗文表达心中的快意。诗文对他们不仅是一种生活方式，更是一生须臾不可离的亲密朋友。当不遇时，他们以诗文自娱自乐，修养自己，他们为什么能忍受生活的困苦，是因为他们内心中还有那份功利情结——如果没有入仕之机会，至少可以诗文遗世留名。司马迁屈辱中著《史记》，曹雪芹衣食无着中十年增删，坚持写作《红楼梦》，不就是典型的例子吗？虽然大部分文人不可能成为司马迁，成为曹雪芹，但这并不妨碍仍有千千万万的读书人做着这个千古流芳的美梦！可见诗文对于中国知识分子的巨大感召力量。

南先生在感叹今天从政者修养的同时，建议他们不妨增加些诗文或人文方面的修养。他说：由此我们已了解，孔子说《为政》的"诗三百，一言以蔽之，曰思无邪"，就是告诉我们为政的人，除了领导思想不走邪路以外，对于自己的修养，更要有诗人的情操，才能温柔敦厚，才能轻松愉快地为政。十分有道理，只是不知道，今天的从政者，是否真正能听进去，或者真正能做到。

□ 也谈教育存在的问题

南怀瑾先生说：今日的教育，实在是一个严重的问题。我经常觉得，中国这几十年来的问题，根本发生在教育上，而且很严重。过去我们虽没有明文规定的教育宗旨，但读书人根本上要把品德修好，这是公认的目的。可是近几年来，跟着西方文化转，尤其是现在美国标榜"教育就是生活"的教育方针，大家体会到的生活就是现实，不外物质。教育的目标也因而转移，完全忽略了心性的修养。搞到现在怎么样呢？有一个学生，是前几年师大毕业的，已得到硕士学位。一天来看我，我问他认为我们的教育目的是什么？他说："老师！我们的教育目的是考试啊！"这句话讲到很沉痛，我们只好相对苦笑。

现代教育，是什么时候开始偏离了教育先育人的根本宗旨？应该说也发端于"五四运动"对旧文化的否定，对西方民主和科学的盲目崇拜和学习开始的。由于中国的落后于世界，上下求索的爱国知识分子们，看到了旧中国文化的所谓腐朽思想之不如科技工业文明之实用，看到封建社会那套思想文化体系的笨重不堪，早已不能与世界相匹敌，成为发展的负担。所以，国人在打倒旧文化，兴起新文化的同时，也几乎全盘否定了旧社会的文化和伦理及其制度。

从那时起，国人丢弃文言文，转用白话文，书面语与口头语近乎一致，通俗易懂，原本是好事，只是从此，国人越来越看不懂先人的文字和文化，从此与旧文化一概隔膜起来了。而教育呢？从那时起，从理念到实践，也都以模仿西方人为上了。以家庭教育为主的蒙学教育和私塾教育代之以集体同步的幼儿园教育，孩子们从此也不必念毫不懂的《三字经》和《百家姓》之类嚼之无味的东西了。新中国成立后，一个时期以来，教育更是以满足政治的需要为宗旨，启蒙阶段对孩子做人做事的教育更是流于形式。在教育和文化空白的"文革"时期，就更不必提了。经过几番反复，改革开放后，由于宣传自身传统文化的需要，国学重新被人们提起，从而引发一轮又一轮的国学热潮。走向世界的孔子学院，对于中国传统文化的宣传也日益扩大，影响日益深远。应该说这是很好的。

但是，我们必须看到，如今的国学热，很多是流于形式，缺少实质，并不能真正融入国人早已被西方文化浸染已久的心灵中。在不少城市，也兴起了儿童背诵诗词的活动，搞得声势很大，但是雷声大，雨点小，也多是哄闹一时，不能真正融入现实的教育中。这不能不说是一个值得思考的问题。

只要是认同传统社会中家庭和蒙学教育的人们，都明白幼儿时期背诵诗词的重要意义：不仅可培养孩子语言表达的语感，增强记忆能力，最主要是陶冶性情，培养美感以及对生活的热爱。而这些东西，看似无形，孩子们也并不能领会诗文的真意，但却能在潜移默化中得到无形的熏陶，这种熏陶如细水长流，涓涓流入孩子们幼小的心田，其影响是深刻的，是终生的。

应该说，这些在孩子们中间进行的背诵古诗活动，初衷当然有好的一面，只是结果不能如愿，也是没办法的事情。究其原因，应该说首先还是与现实有关。现实的社会，诗文传统不再，诗文的主导地位不再，现在甚至还没有演艺事业受人尊重,更有实惠,那么,从小学习诗文,请问有多大的用处呢?又不能像古代社会那样,重视诗文,以文章入仕。现在的考试制度,晋身方式,早已大变了。对于古人来说,文章是千古事,对于今人来说,文章不做,照样有多种办法显身扬名,而且不必像古人那样半生苦作诗,半生修养,安身立命,现在人可坐不住,还不如做点生意,赚钱享受来得实惠呢?而至于赚钱的方式,也不必像古人做生意那样,讲什么"君子生财有道",不取"不义之财",所谓的诚信,如果以赚钱为代价,还不如不讲呢。而古代的诗文教育,从幼年时期的背诵开始,就与做人修身紧密连在一起的,所以,今天你搞这个活动,而且是重视形式,怎么能行得通,能起到实效呢?所以说,社会环境首先是造成这种教育无法真正履行的原因。

其次,家庭教育的缺失,也是造成现代人对传统文化隔膜的重要原因。按理说,现代人很重视早期教育了。孩子没出生,准父母们就开始学习胎教早教了,市面上此类书籍爆满;家庭条件好了,孩子们越来越多上全封闭的贵族学校了,接受最优秀的、国际先进的教育,而且从小就进双语学校,从小学外语,同时还要参加各种奥数、钢琴、舞蹈等培训班学习各类才艺,以通过各级考试为荣;有不少孩子被送往国外,到美国、英国、加拿大等国家,直接接受先进于国内教育数倍的西洋教育,然后再出口转内销,为他的前程铺就黄金之路……所有这些,不能不说家长们不费心思,比起传统社会来,似乎只有过之而无不及。只是,说到效果呢?就很难下定论了。如果以考分和证件为凭,那是优秀;如果以能力和人品为准,就不得而知了。

而传统社会的家庭教育,以私塾为主要形式,自小就注重蒙学教育,不只是学文化,更有做人的学问;不仅学知识,更要学做人。比如,自小就要求孩子孝敬父母,尊敬师长,从洒扫做起,自小开始做力所能及之事,而且有一套严格的家规、校规,这套规范与社会的伦理规范相结合,让孩子自小就树立起求学与做人，做人与做事相结合的理念，所谓先正心、修身，然后才能齐家、治国、平天下。从家庭教育开始，就教育学生把完成一个人与做好一件事相连，如此，才能做好人，做大事。

但今天的家庭，父母都忙于自己的事业，很多都无暇照顾孩子，又没有私塾教育，有条件的被送往贵族学校，与家人分开，受所谓的培养独立能力的贵族教育，没条件的，只好由老人带养着，父母作为第一老师的职责不能尽情发挥，所以，今天孩子们所受的教育，根本来说是缺失家庭教育的教育。而家庭教育是影响孩子一生的重要教育，不可忽视。这不能不说是现代孩子和教育面临的尴尬。

第三，是现有考试和用人制度对于教育的误导。现在的教育，准确来说，是应对考试的教育，孩子们从小受的就是这种考试教育，无论是基础教育，还是高中教育，无论是高等教育，还是用人考试制度，无论是孩子们自小参加的各类培训班，还是成人评定职称，都是以考试为评定标准。如果以考试为评定的标准，现在中国的学生，是总能拿高分的，是无比优秀的。国家各级教育部门，都为各种教育设定多种层级，只要通过，就是优秀。以考分为准，以获得的证件为凭，以此考量学生的优秀与否。在用人上，官方机构也多是以此为凭，不是211学校毕业的本科生不录用，有国外教育背景，或是国内北大、清华学历的自然就高人一等。可见，现今的教育是多么的势利。只是，如果以能力为准，就很难说那个高才生，那个得分最好的好学生，是不是真正社会需要的人才了。

现代人一生中，面临着太多的考试，太多的证件。只是等你成人立业后，却发现，这些证件有多少是有用的？能说明什么。但是社会需要这些。不这样，又怎么办呢？所以现代教育的处境十分尴尬。没成人时，不得不接受此教育；而成人后，这种教育多被人否定。现代教育似乎已经走入了一个不能回头，又不知如何前进的死胡同，不能不让人担忧。这是为什么呢？除了对自己传统教育体制的漠视和疏离，就是对西方教育的盲目学习和模仿。

　　教育的根旨是先培养学生如何做人，而不是就知识而教知识，不是充满功利的技艺。古人说"学好文武艺，货卖帝王家"，这个文武技艺，从来与修身齐家，与道义相连，有着一套完善的价值体系的。不仅有自我的自觉规范，更有社会伦理和制度对做人的要求和规范。而且古人十分推崇"才德兼备"，认为有德者，才能最终成就大业。

　　如南先生所说，如今教育存在的最严重问题，就是对自己文化和教育理念的不自信，对别国教育和文化的盲目崇拜。不正视自己的传统，不承接好自己原有的基础，就是学习、模仿也最终成为"四不像"，这是很明显的道理。

骂中国文化的都是自己人

　　南怀瑾先生说：现在中国人"骂"中国文化的太多了！真使人感慨万千，我们这个国家在五代那八九十年中，也是最乱的，是当时认为的外族侵略进来的时代，有许多中国人变成什么样子呢？很难看，也很坏，他们帮助外族侵略自己中国人，所以唐末司空图有一首感慨的诗："一自萧关起战尘，河湟隔断异乡音。汉人学得胡儿语，却向城头咒汉人"。将来百把年以后，写我们现代的历史，可能有人也会这样写。现在骂中国文化的，不是外国人，而是我们自己中国人。

　　中国文化到底到底有没有价值？光中国人自己说不行，当然需要世界的认可。我们固然不必总是以文明古国，以自己的源远流长的文化而夜郎自大，孤芳自赏，自说自话，但无礼这种悠久历史和文化，以其老大负重，说其虚而不实，因此瞧不起，甚而否定自己的文化，这同样是一种自卑的思想。

　　由于近代以来西方在科技和工业文明上的领先，受其影响，国人对西方文化几乎到了崇拜的地步。自"五四运动"以来，西方文化在中国大行其道，改革开放后，更是影响深远，以致使国人与自己的传统文化起来越隔膜，越来越陌生。不要说去看古代的文章，就是关注一下的兴趣，对于时下的年轻人来说，可以说是凤毛麟角。所以，一谈到屈原，可能还有人不知道是谁，说到李鸿章，居然有人认为他是美籍华人呢！但如果你让他说起麦当娜和杰克逊，说要去吃洋快餐，他倒格外来兴趣，说话也是时下流行的半中半洋，动辄"My god"，言行作派也是以洋味为追逐的时尚。而你要问他祖籍在哪里，祖上三代的名称，他可能不知道呢！其中，有不少中国中产阶层的子孙们，包括富二代们，很多都有留洋经历，从小接受的几乎是西方教育，不仅理念受其影响，其生活方式也全是西方化的，而对于中国的文化，他多半一概不知。如果偶尔有人向他兜售，他常常是嗤之以鼻，大不以为然。

对于这类人，老实说还不如华侨们呢，华侨们虽生活在西方，却往往对自己的本国文化居留，恋恋不舍，难以忘情，总有一颗中国心的。而新一代的中国小生们呢？多半不中不洋，半瓶子晃荡。让他到国外生活吧，他可能还不能独立，不能摆脱对父母的依赖——因为从小没有吃过苦，也不知人生之艰，父母也断不放心把他一人留在国外；而让他在国内生活吧，他不仅看不起中国，也不能理解中国国情，所以为人处事上，往往还与国人不能和谐共处，产生出种种矛盾来。本来送他到国外是让他受先进教育，结果弄得做人做事都不能顺利，实在令人啼笑皆非。

此时，聪明的父母们大概才能明白：真正的学问不在书本中，而是在生活里，在社会中，知识只有和做人，和修养结合起来，才能产生更多做人做事的智慧。所谓人情世故，各国有各国的文化和风俗，中国作为一个文明古国，更是有着自己独有的人情世故，你生活在这片土地，就必须要了解，要解人情世故。古人说："世事洞明皆学问，人情练达皆文章"，就是这个道理。而这个书本上没有的学问，别人告诉，你一时也不能立即领会，只有亲身体验的学问，怎么获得？没有捷径，只有在学习的同时，深入生活，用心感悟，提高修养，增长智慧，从而学会察言观色，通晓人情世故。

　　当然，这里的人情世故不是让人变得城府和世故起来，而是一定要了解人生，了解人性，从了解自己开始，到了解他人，保持个性，但同时让个性与社会共性相连，从而达到与周围的和谐相处。这是一个人为人处世的最大学问。这个学问以做好自己、修养自己为基础。这个，怎么可以一下子学成呢？既非一日之功，当然更不是从小受外国思想渗透的中国富二代、富二代们所能一下子学会的。没办法，只有慢慢来。谁让你还没受中国教育，还没了解中国，就盲目地到外国学习呢？所以，只好再慢慢来。

　　对于中国文化的不了解，造成了此类人对中国文化的误解和漠视，但相信随着他们了解的加深，必将改变原有的认识。但比这更让人感叹的是，那些了解中国文化，对外国文化不了解而盲目崇洋媚外的中国人。他们对外国文化知道得也是一鳞半爪，也许尝到些甜头，然后就攻击中国文化，说老大之中国的多么腐朽，所谓的古老文明并没多少实用价值，多虚幻不实，与西方的科技和文明相比，中国文化并不能给人生带来实惠，所以这种文化是老朽的，应该放弃，不如借鉴外国文化，拿来为我所用。这实在是一种急功近利的看法。"五四"时这样的看法，如今一些崇洋媚外者也是此类看法，动辄以外国文化为标准。对中国自己的文化不屑一顾。

　　也因此，南先生说，骂中国文化的都是自己人。为什么这些人骂中国文化呢？完全是一种没有自信的表现。为什么没有自信？当然还是对自己文化的浅尝辄止。一瓶子不满，半瓶子晃荡。其实此类人，既对中国文化了解不深，对外国文化更是了解不多，就简单地以外在现象而论长短，看到发达国家的先进，就否定中国文化。

　　岂不知，随着中国的重新崛起，中国文化在世界的影响日益受到关注。尤其是在整个世界科技和物质文明昌盛，但精神空虚无着的情况下，在资源日益受到破坏，人类生存的环境日益恶化，物质文明并不能带来心灵幸福，人类与自然的和谐生存发生危机时，在思考中，人们越来越发现，极端发展经济和物质，不重视精神文明的沉重代价；并终于明白，自大的人类原以为人定胜天呢，岂不知上天日益在用各种灾难性危机在惩罚着人类呢，人类在为自己挖掘着走向灭亡的坟墓。

与此同时，包括外国的有识之士们，也日益把目光转向中国古老而深奥的传统文化，并认识到其中深藏的巨大智慧。由此，中国传统文化的复兴和重新被挖掘利用在今天显得更加具有现实意义。作为中国人，我们应该做的，也能够做的，就是把老祖宗的深厚智慧充分发掘出来，让尘封了近一个世纪，不被重视的传统文化重新大放光彩于世人面前。当然，当中国传统文化被世人重视的时候，也是中国这头东方巨狮重新崛起的时刻。

□孔子的担忧,文化的担当

南怀瑾先生说:孔子说了他担忧的四点:"德之不修,学之不讲,闻义不能徙,不善不能改。"也是每一个人和任何一个历史时代的通病,尤其碰到衰乱的世局,任何一个国家社会,都有可能有这四种现象出现,由此可见他的心情,所以说孔子是淑世——救世主义者。一个民族,一个国家,不怕亡国,因为亡国可以复国,最怕是把自己文化的根挖断了,就会陷于万劫不复。这里所记孔子的感慨,也就是担忧人文文化迷失了的后果。我们再看古今中外的历史,一旦国家文化消失了,即使形态存在,但已动摇了根本,难以翻身,这是一定的。犹太人虽然亡了国,他立国的文化精神,始终建立在每一代犹太子民的心目中。文化看起来是空洞的,但它是一个国家民族的历史命脉,孔子在这里不谈国家政治而谈人文文化,实际上这正是民族历史的重点。国家天下,尽在其中。

孔子虽是一个大教育家,但更是一个思想家,所以,他关注的就不可能只是教育的问题,更有关乎一个国家和民族生存的思想和文化问题。虽然他个人一生坎坷不遇,但他关注重心依然是思想和文化。所谓"国家兴亡，匹夫有责"，以孔子为代表的中国传统知识分子，历来是有着家国情怀的，他们"穷则独善其身，达则兼济天下"，入仕有位的知识分子，则以"先天下之忧而忧，后天下之乐而乐"要求自己，希望在有生之年，实现"修身、齐家、治国、平天下"的宏愿，完成"立功、立言、立名"之三不朽之人生理想。儒家知识分子们，一生坚持着这样的追求，这是所有知识分子自负的人生理想和崇高使命。可以说，正是他们，一代代的知识分子，共同维系着中国文化的命脉，使之代代相传，直到今天。

但是，一个时期以来，由于对传统文化的漠视和打压，传统文化受到严重的伤害。传统文化的人文价值方面的优势曾一度被误解，甚至是否定，致使一线文化命脉遭受到的前所未有的伤害，传统文化几近面临断代的危险。改革开放后，随着经济和外宣工作的发展，传统文化再次绽放其长久不衰的生命力，引起人们的关注和回望。如今，一轮又一轮的国学热充分说明了传统文化的魅力和极大生命力。而它的魅力何在？就是其中的充满智慧和人性的人文思想，这些思想在儒、释、道中，其"中庸"和"和和"的和谐之道，集中体现了中华民族的伟大智慧，在今天地球日益变小，各国交往加深的情况下，更显示出其伟大的现实意义，为世界人民所称道。中华文化已然引起世界的关注。这不能不说是每个炎黄子孙的骄傲。

然而，在这背后，我们又不能不看到，当下的中国，甚至包括整个世界，由于发展经济，对物质资源的极端掠夺，对物质的扩大化追求，业已造成对人类赖以生存资源的极大破坏，人类已经为此付出了惨重代价，无论近些年的天灾，还是人祸，都向人类告示着：人类是不可能"人定胜天"，即使人类的科技已经十分发达。人类应该有自知之明，有所敬畏，节制欲望，放弃不必要的执著，明白乐天知命，安分守己，知止知足的深刻哲理。否则，只能自取灭亡。

试看当下世界，物欲横流，人心不古，世风日下，道德沦丧，信仰危机，人们在经济大潮的裹挟下，脚步匆匆，顾不上欣赏一下人生路上的风景，也顾不上思考，如风车一样，完全不能自主。但是，究竟在追求着什么？得到了什么？一片茫然，或者是得不偿失。但是，作为个人，面对时代的大潮，似乎又无从选择，不知所为何来，归向何处……物质丰富的外表下，隐藏的是一颗颗空虚寂寞和压抑痛苦的灵魂。

为了所谓的金钱和物质利益，可以唯利是图，可以不择手段，如孔子担忧的那样，人的本性和善良不再，天道人道不讲，仁义不存，人心不古，互相传染，致使世风日下，那么，整个国家和民族也将走向衰亡。

佛家说：我们都在一种逼迫下生活，所以人生就无法摆脱烦恼苦闷。一个时代有一个时代的命运，作为个人的命运，当然也必须与时代相随。但是，这种苦闷，能不能减少些呢？作为个人，我们能够把握的究竟是什么呢？恐怕还得从内心去寻找。而这个内心，就要靠自己的努力了。现实的节奏太快了，从中无法找到精神的归依，也找不到方向和出路，所以，很多人，开始把目光转向过去，到历史中去寻找。

当一个人真正沉静下自己的心来，以史为镜时，他的视野也就打开了，见识才变得更加深厚，成长变得更加有根基，走得更加扎实有力。而我们传统文化中富于人生智慧的人文思想，其中蕴含着博大精深的思想，更有着可慰藉心灵的灵丹妙药，让人读之心归沉静，思之意味绵长，而且，在怀思遥想中，会自然升起一份根祖意识，在获得精神充实和力量的同时，很自然地产生一份家国情怀；产生了这份情怀，你的血液里自然就流淌着中华民族文化的一线命脉了。中国传统人文思想的巨大的魅力和感召力量，在每一个投入它怀抱的国人心里，是那么的熟悉、亲切、可感，所以，只要你进入，就会自然地喜欢上它。

如果每一个国民心中都有一份对自己文化的根祖情怀，产生像古代知识分子那样的家国情怀，把自己的命运自觉地与祖国相连，并投入到为之奋斗的实践中去，那么整个民族的文化命脉就会代代传承，并不断有新的发展。这个民族和国家才是最有希望和前途的。而任何一个无视自己本土文化，盲目学习外来文化的民族，最终将走向灭亡。

文化对于一个人，在心中会扎下一个根；文化对于一个国家和民族，更是一个根基和灵魂，如果没有了文化中闪烁着人性光芒和智慧的人文思想，那么这个文化的生命力也将不久，由此导致国家和民族命运的危亡。

所以，面对当今社会文化和物质建设的失衡，南先生认为，如今的文化正面临重建的时期。他说：对于文化重建的工作，我们这一代的责任太重了，绝不能让它在我们这一代的手中断送掉。这是很重要的，像孔子在这里说："夷狄之有君，不如诸夏之亡也。"夏朝虽然亡了，成了历史的名词，但夏朝的文化，一直流传下来，现在我们也还接受。譬如过年，我们喜欢阳历年还是阴历年呢？平心而论，还是喜欢阴历年。阴历年就是夏历，是夏朝留下来的文化。很多很多我们现在的文化，还是夏朝的文化。所以孔子这句话的意思，就是说，有政权的存在而没有文化的精神，那有什么用呢？因此文化精神一定要建立。

第二章　知识以立命

□不要太高看知识分子

南怀瑾先生说：知识分子批评都很刻骨，但本身最了不起的也只能做到清高。严格来说普通一般的清高，也不过只是自私心的发展，不能做到"见危授命"，不能做到"见义勇为"。所以古人的诗说："仗义每从屠狗辈，负心多是读书人。"这也是从人生经验中体会得来，的确大半是如此。屠狗辈就是古时杀猪杀狗的贫贱从业者，他们有时候很有侠义精神。历史上的荆轲、高渐离这些人都是屠狗辈。虽说是没有知识的人，但有时候这些人讲义气，讲了一句话，真有去做了；而知识越高的人，批评是批评，高调很会唱，真有困难时去找他，不行。

在中国，知识分子历来是受重视的。为什么呢？按照传统的说法，知识分子代表着一个国家的良知，又掌握着人类最先进知识，所以，历来受到尊重，这当然与中国是文明古国有关系。尤其传统社会，知识分子更是受尊重的阶层。因为那时，读书是入仕，是提高社会层次和地位的最重要甚至是唯一的途径，所谓"万般皆下品，唯有读书高"，不读书，人生是无望，没有前途的。

所以，几千年的读书人，能够耐得住寒窗之苦，为的是一朝能得"跳龙门"，金榜题名，步入达官显贵之列，显身扬名，光宗耀祖，此乃人生最大幸事。当然，也有不少读书人，如"范进中举"一样，一生执著地要考取功名，以致心理变态，乐极生悲，可见传统知识分子的人生的穷通荣辱，对于读书和考取功名，寄予了多大的厚望。

直到今天，虽然经济至上了，甚至物欲横流，人们对于文化早已失去了往日的热情。人生成功的路也有了更多的选择和可能，但对于读书入仕，对于知识分子，总有一份挥之不去的情结。别看社会上有钱的大款们风头日进，很多人对于"君子固穷"的知识分子的穷酸也表示不屑，但对于专家和学者们，还是心怀了比大款们更多的尊重和敬意的。从现实的角度，可能他靠向大款，因为有钱毕竟可以过得更舒服；而从精神层面，他可能更愿意向知识分子靠拢，因为有知识，精神上的富有毕竟才是真正的富有。

那么，知识分子凭什么就受尊重呢？仅仅因为掌握着知识吗？当然不是，主要还是其品格和精神。传统社会中，知识分子必须以"君子"自居的，也以此要求自己。古人以"玉"来比喻君子的品格，又以梅、兰、竹、菊、荷花、松、柏等比喻君子，为什么呢？主要是因为其纯洁无瑕，坚贞而淡泊，而且耐得住风霜和寂寞，保持自己的本性不改，在纷扰竞争的俗世，坚持自己的操守和原则，有一份"出淤泥而不染"的独立自由的精神和气质，这是大多数人们所向往的但难以做到的，所以他们受到人们的佩服和尊重。虽然那种"穷酸"和"硬骨头"的固执让许多想改变他们的人愤愤无奈，但毕竟是拿他们没办法，在内心里也不能不对他们表示佩服。

孔子所谓"富而不仁，于我如浮云"，孟子所谓"舍生取义"，又说"富贵不能淫，威武不能屈，贫贱不能移"的精神，在传统知识分子身上，表现得很明显。所以，屈原被放逐而保持如"芷兰"般的操守，不屈投江自灭，陶渊明不为"五斗米而折腰"，近代王国维殉身于学问思想，等等，中国知识分子的精神和气质一脉相承。也正是他们，无论穷通，都保持着那份对修身和对家国的情怀，所以成为社会的良知，成为精神的贵族，所以，对他们表示出尊重和高待，也是中国历来的传统。上自君王，下至百姓，无不对他们尊敬有加。所谓"用师者王"，古代的帝王将相，身边都有一个"老师"或"军师"的，这就是对知识分子知识和智慧的尊重和运用。

但是，知识分子当然也有自身难以突破的局限。不要说这一群人中，有不少是滥竽充数的所谓知识分子。就单说那些真正的知识分子，也难免有让人不满的表现。首先，是知识分子的软弱性，就是一个大毛病。喜欢纸上谈兵，不重视实践，甚至四体不勤，五谷不分，理论一大套，实事做不来。他有知识和思想，但行动力和执行力差，理想化但现实性不足。所以，知识分子的思想，既要有理论的指导性，也该有现实的操作性。这样才能产生出现实的力量。

虽说传统的知识分子有"舍生取义"的精神品质，但是现实中，有很多所谓的知识分子，因为软弱，在面对问题时就开始违心了，有时立场不坚，有时会骑墙，失去仗义，以明哲保身为上。没有文化的人，有时可能保持着更天然的淳朴、善良和仁义。比如，社会底层，甚至是黑暗势力中，也存在着侠义精神，但知识分子中，这些可贵的精神却早已被知识和文明的虚伪所掩盖。

知识和智慧同样是把双刃剑，利用好了，才能起好作用。知识分子如果使起坏来，可能危害更大。就是这个道理。

其次，知识分子好为人师，动辄以布道者和说教者自居，喜欢品评是非，对人评头论足，不注意考虑别人的角度、感受和立场，而自己却可能言行不一，却不加反省。现在社会上很多所谓的"专家"，有时突然站出来说话，对人品评是非对错，甚至有的爆出粗言污语，完全不注意自己知识分子的文明形象，很难说他的目的是纯粹的。又比如电视上盛行的很多专家讲堂，讲历史，讲养生等，告诉人们怎么怎么样，实在难说结论的科学性。甚至有的起了误导，或者引起更大的是非，所以，此类专家就很难让人尊重了，难怪时下有人称专家为"砖家"了。不珍惜自己的羽毛，如明星一样，迷上走穴，出名赚钱，唾液满天飞地四处演讲，在家里坐不住，一有人请就觉得社会需要自己了。而自己的学问是否到家了呢？只有他自己知道。

第三，知识分子之间不大和睦，经常是互相咬耳朵，打口水仗。按说知识越高，觉悟越高，宽容越多，但是知识分子间，却互相不服、不齿。不服什么呢？主要是学问和思想；不齿什么呢？主要是指责对方的人品修养上不去，言下之意是自己的人品学问高。因为知识分子最大的贪欲就是"名"，名声对他们来说是衣裳，当然要美化了。大概诋毁另一个人的名声，可能就会加大宣传自己的令名。加之知识分子多是些心思缜密的人，对别人可能心胸修养宽容能上去，唯独对于同类不能相容，这真是个有趣的现象。所以，代代知识分子难免"文人相轻"的毛病。因此，我们看到，越是知识分子成堆的地方，就越是有着不大光明的钩心斗角，甚至是阴谋诡计，并不见得有那么和谐和团结。

第四，知识分子也容易牢骚满腹，他得遇时，当然诗情大发，但要怀才不遇时，就要对社会人心生出些牢骚怨恨，如怨妇，甚至生出仇恨心理。这也反映了他们心胸狭窄，眼光短浅，修养不够的一面。

以前的知识分子相对纯粹，尚且免不了这些毛病，更何况是现在名利心超越了名节心的知识分子们呢？所以，南先生说，不必太看重知识分子。当然，这里所说的知识分子，是就其中的一个普遍现象而谈的，并不包括其中那些精英人物，即坚持仁义道德，做人做事不失气节和骨气的知识分子。

南先生在说到自己对传统文化的解译时，曾经自嘲说："今古学术知见，大概都是时代刺激的反映，社会病态的悲鸣。谁能振衰补敝，改变历史时代而使其安和康乐？要依赖实际从事工作者的努力。我辈书生之见，游戏文章，实在无补时艰，且当解闷消愁的戏论视之可也。"由此可见，先生的自知之明和对自己的严格要求。

□百无一用是书生

南怀瑾先生说：我有时也不大喜欢读书太过用功的学生，这也许是我的不对。但我看到很多功课好的学生，戴了深度的近视眼镜，除了读书之外，一无用处。据我的发现是如此，也是我几十年的经验所知，至于对或不对，我还不敢下定论。可是社会上有才具的人，能干的人，将来对社会有贡献的人，并不一定在学校里就是书读得很好的人。所以功课好的学生，并不一定将来到社会上做事会有伟大的成就。

南先生同时举了一个例子来说明：

以前在X大考一个研究生，拿硕士学位，很惭愧的，我忝为指导老师。还好最后以八十五分的高分通过了。这个孩子书读得非常好，但是我看他做事，一点也不行，连一个车子都叫不好。

南先生认为，书读得好，不见得能成为救国救世的人；而书读得不好的人，将来也可能做出一番大事业。认为"一个人书读得好，学问好，才具好，品德也好，那才叫做文质彬彬，叫做君子，算是一个人才"。

所以，南先生由此谈到一个人的成材问题，他建议"家长们不要把子弟造就成书呆子，书呆子者无用之代名词也。试看清代中叶以来，中西文化交流以后，有几个第一名的状元是对国家有贡献的？宋朝有一个文天祥，唐朝有武进士出身的郭子仪。只有一两个比较有名的而已。"

也就是说，一个人读书好，未必能力强；有知识，不见得有能力；有品德，不见得有能力，有能力的，不见得一定有道德。一个人如果真想成大事，需要德才兼备，学识修养都要上得去。

俗话说："百无一用是书生"，是说一个人读书好，即使倒背如流，而不能举一反三，不付诸实践，没有行为能力，就成了死读书，读死书，没有用的。如果不加以纠正，如此下去，不仅越学越笨，而且造成"知障"，掩盖了自己的天性和聪慧，那样就得不偿失了。这就是常说的"读书读傻"了。如孟子所说"尽信书不如无书"，这样读书，成了不通世务的书呆子，真是还不如目不识丁的老农生活得快乐呢！

元顺帝天顺年间，有一名进士，叫陈音。他倾心经术，一心攻读，不问世事，终于学有所成，满腹经纶。

据说，陈音读书，十分专心，可真是专心致志，几乎达到了忘我之境。

有一天，陈音整理书籍时，发现一本书里夹着一张宴帖。他没大仔细看上面落款的日期，就到人家里赴宴了。

就这样，他匆匆赶到下请帖的朋友家。走到客厅，寒暄过后，久坐而不走了。朋友感到纳闷，问他："您有什么事吗？"

陈音说："我是前来赴宴的啊！"

那位朋友听了此话，丈二和尚摸不着头脑，心想，真是莫名其妙，我没向他下帖子啊。但又不便详问，只得备酒款待了一番。

事后，那位朋友才想起，去年的今天，曾宴请过陈音。你说这个陈音呆不呆？陈音经常犯这种糊涂事。

还有一次，陈音上朝回来。路上，他跟下属说，要去拜访一位同僚。但侍从没有听清，仍然牵马带他回家了。

到得家里后，陈音还没反应过来呢，以为到了同僚的家。步入客厅，他环顾四周，说："这客厅的格局与我家的相同啊。"然后，他又看见了壁画，又疑惑地说："怎么这幅画，也和我家的相同呢？"

此时，恰好家童从内屋出来，陈音看到，赶忙呵斥道："无礼狂徒，你怎么在这里？"家童回答："这本是你的家嘛！"陈音这才恍然大悟。

不知道的，还以为陈音读书做事如此专心，以为美德呢？岂不知，这是他受脑中的知识和事情所遮蔽，头脑智慧一时失聪了呢！

历来的读书人，最忌讳的就是这点了。古代有沈括的纸上谈兵，头头是道，实战起来却败得丢盔弃甲；现在有为了考试而读书，高分低能的好学生，都不是真正会读书的人。所以，我们看到，那些死读书的人，也许因为成绩好，早早达到了超越常人的成绩，少年出名，英雄出少年，但是，当他真正走向社会后，往往经不起考验，很快销声匿迹了。这说明什么呢？有知识，没学问；有知识，没能力；学问上去了，做人没上去，修养没上去。其实，真正的学问是与做人做事紧紧相连的，否则不扎实，又没有积累，当然经不起社会和时间的考验。相对而言，厚积薄发显得更有说服力。而这个，却不只是书本知识，更有生活的磨砺，还有修养的深度而来的。

由此可见，读书的本身，当然是一门学问。绝不能就读书而读书。读书的过程，不仅与思考相结合，能举一反三，而且要与生活和实践相结合，会学以致用。孔子所谓"学而不思则罔，思而不学则殆"，说明了学思要并用的道理。而陶渊明的"好读书而不求甚解"，更说明了读书要有选择性，要适合自己的天性，随自己的兴趣，在充实自己的同时，更能启迪自己，转化为自己的思想和智慧。这个很重要！否则，你看到再多的知识，都把它装到了脑子里，又有什么用呢？——因为那只是知识而已，纵使写起文章来洋洋洒洒，引经据典也没什么了不起——因为那不是你的，是别人的；是别人的，说明你没学会读书，没有真正的所得。

说到读书的选择性，十分重要。古今中外的知识，洋洋大观，浩如烟海，面对人类博大精深的文明，真是汗牛充栋啊。对于一个求知好学的人来说，怎么学习呢？人生的时间和精力都有限，而且每个人的聪明也有局限性，那么，面对这么多的知识，这么多的书，都看当然不可能，也没必要。所以，选择就显得格外重要了。选择适合自己的，自己感兴趣的，能让自己的天分和优势充分发挥的，就是最适合自己的。

知识不是学问，学问关乎做人，不仅有知识，有理论，更要有思想，有活生生的，只属于自己的独一无二的体验和感悟，那才是自己的。因为每个人都有自己的人生，所有既有的知识，也是别人站在他自己的角度得出的，不是你的。虽然"人同此心，心同此理"，但自己要想脱颖而出，就必须在利用这些共同知识的基础上，善于发挥自己的独有天分和聪明才智，能站在自己的角度，发出自己的声音，丰富共有的知识和思想宝库，这才是自己真正的贡献。

所以，读书学习，在学习借鉴别人的同时，目的不是装别人知识，而是吸收别人思想，结合自己，升华出自己的思想。把书本越读越薄，越读越少，越学越感到自己的无知，越学越空，这才是真正的会读书。

如果，你通过学习，加之生活和修养，越来越喜欢平凡而简单的道理，变得越来越简单朴素，说明你认识越是深刻的越是简单的，真理寓于平凡的道理，那么，你的修养和智慧就提高了；如果你的文章也不再刻意规划，不再讲究遣词造句之功，不再追求华丽和引经据典，而是让思绪和写作都流于自然的流露中，那么，你就算真正会读书，会学习了。道家所谓的"顺其自然"，的确是十分深刻的智慧。任何事情，包括读书，注重形式，刻意为之，将不会达到最好的结果。

□怎样才算知识分子

南怀瑾先生说：曾子曰："士不可以不弘毅，任重而道远。仁以为己任，不亦重乎！死而后已，不亦远乎！"曾子这里所讲的士，不是上古时代的士，而是读书人知识分子的通称。所以他是说一个读书人有读书人的风格。

那么，怎么叫"弘毅"呢？南先生解释说："弘"就是弘大，胸襟大，气度大，眼光大。"毅"就是刚毅，有决断，要看得准、拿得稳，对事情处理有见解。

我们上面说过，知识分子常常有软弱性的一面，而且好为人师，经常互相诋毁。往往没有决断，缺少气魄，而且心胸狭窄，容易牢骚抱怨。大概是曾子早就发现了知识分子的这个普遍弱点，而提出这个"弘毅"的标准吧。真正的知识分子，他的知行是一致的，言行是统一的，是内外兼修的。不光学知识，有学问，更要会做人，善于做事。学问上有自己的见地，做人做事上更有自己的风格。而不是光说不练，不是纯粹唯心的，更不是纯粹理想化的，形而上学的，或者是高高在上，漂在空中，不接地气的。

这就是说，真正的知识分子，他的学问是知识与做人，与修养的结合，而不是纯粹的所谓博闻强记的知识桶。他的学问既是理想的，理论的，前瞻的，有引导性的，更是关注现实的，生动的，有操作性，有行动力，可以转化为推动现实的进步力量的。这样的知识分子，当然不是书呆子，而是有行动力，知行合一的。比如孔子、孟子等先哲，他们做学问，搞教育，但他们的学问从来是和现实生活相结合的，不仅关注知识和道理本身，更关注家国的现实。所以，他们的学问思想十分深刻而生动，十分具有说服力，直到今天，还在折服着人们。

孟子说："富贵不能淫，贫贱不能移，威武不能屈"，说此之谓"大丈夫也"，就是说的真正的知识分子，真正的君子，当有这种气节和骨气。这种精神与"弘毅"一脉相承，说明真正的知识分子，不应当是软弱的，没有决断和行动力的；更不是狭隘的，没有气度和眼光的。

为什么要有此要求，除了力求克服自身的弱点，也是基于知识分子追求的初衷，即志向所求。既然，你要当一个知识分子，那么就当有应当的责任和使命。而这个责任和使命与其他职业相比，有更多的沉重担当和艰辛道路。

所谓"任重而道远"，知识分子的使命是十分艰巨的。你要代表社会的良知，那么你就得说真话，而说真话，是不那么容易的，既不容易做到，也不容易坚持。首先要求自己要做到，否则有什么资格去引导并要求别人说真话？其次是要坚持做到修养自己，坚持一生的修养，这个就是很难的了。社会现实十分复杂，人总有难以自主把握时。做好事难，做一辈子好事更难；做好人难，做一辈子好人更难。坚持就是克服一切阻碍的力量，需要有强大的内心支撑，这不是一般的人所能做到的。而强大的内心力量，不仅需要理想和原则的动力，更需要修养和智慧的弹性把握，如此在现实中才能保持张力和强大的能量，让自己屹立不倒，真诚地做人做事，对己对人都无憾，做一个大写的人；尽职尽责，尽力在有生之年，完成自己应当做的事情，不失一个真正的知识分子的使命感。

当然，作为知识分子，如不以行动的实践为上，他们的所谓学问难免就容易流于形式化，或者理想化，转化为现实的力量并不容易。孔子的学说，当年也是寂寞的，虽然已经是"桃李满天下"，但他学问中理想化的东西，直到五百年后，才真正地转化为现实。所以，理想化和高尚往往也因其与现实的矛盾，而显示出其前瞻和高尚的力量。但前提是，要坚信它的真理力量，坚信它的普世价值，相信它会成为现实。真正的知识分子，如果没有这份追求和自信，也不算真正的知识分子。

曹雪芹写作《红楼梦》并非他自己所说的，都是"贾雨村言"（假语村言），而是赋予这部宏伟巨著以深刻的人生和社会意义的。否则他怎么可能在十年的清贫岁月里，以卖画为生，坚持"十年增删"，倾力打造一部并无现实意义的《红楼梦》呢？他也不是没有别的出路啊。除了知识分子的一份"立言"之不朽追求，曹雪芹当然还有别的寄望，希望这部作品，不仅只是引起人们对于爱情，对于人生、社会的思想，更有对于知识分子命运，对于家国命运的思考。而且，他相信这部作品的普世价值和未来的长久生命力。所以，他才能坚持长期的艰苦写作。他的为人和思想，充分体现了中国传统知识分子的追求。

青年时代的曹雪芹，就显示非同一般的才华，诗、文、画皆精，在当时就已经很有名气了。当时，有人看到他家已经败落，经常是吃了上顿没下顿的，就好心地给他介绍皇宫书院里画师的工作，而且收入颇丰。但曹雪芹没有答应，而是坚持着自己清贫自守，过着继续呕心沥血写作《石头记》（即《红楼梦》）的日子。以他的脾气，他才不会去伺服达官贵人们。自己的生活虽然清苦，但独立而自由，而且有写作的动力，自己以此为乐，而且自得其乐，感觉其乐无穷呢。如果让他失去尊严和人格，过那种陪伺别人的生活，纵使再多钱也不会去干的。但是，生活终是清贫，总要过下去啊。后来，他找到一份在贵族子弟学校任职的工作。在这里，他结识了敦诚、敦敏兄弟，成了终生的好友。

但是，他的生活还是清贫，加之他自尊很强，从不求人，所以，就更加无人知道他的苦境了。后来，为了专心写作，也为了节省开支，曹雪芹便搬到香山卧佛寺附近的红叶村居住。由于贫病交加，生活变得更加艰难。据敦诚、敦敏的诗里所说，曹雪芹一家三口常常喝粥。曹雪芹爱喝酒，却没钱买，于是便赊酒喝，待卖了画再还钱。

所谓"君子固穷"，但以曹雪芹的才华，完全可以过上更好的生活，但他还是不改初衷，坚持着一个知识分子的节操和使命。在这种艰苦的环境里，他依然能够"并不足妨我襟怀"，自得其乐，硬是坚持写作《红楼梦》。

约乾隆二十八年（公元1763年）的秋天，曹雪芹的儿子因得痘疹死了。曹雪芹十分哀伤。不久，他自己也因贫病交加，无钱医治，竟在除夕这一天，当别人家都在欢欢喜喜过大年的时候，曹雪芹，这位文学巨匠，悄然离世……

曹雪芹的生前，是如此的清贫寂寞，甚至在我们常人眼里，是悲哀的。做人又何必这样呢？然而在他个人看来，却是应职应分的，是值得的。事实证明，他的所作所为，体现了一个中国典型知识分子的精神和节操，他以自己的力量，达到了很多知识分子难以企及的高度，完成了几代知识分子都没完成的使命。他的《红楼梦》，"字字看来皆是血，十年辛苦不寻常"，其中深蕴的艺术和思想价值，极大地丰富和推动了中国文化的发展，也为他个人树立起一座永远的丰碑。

南先生说：知识分子在此历史变局中，既不应随波逐流，更不要畏惧踟蹰，必须认清方向，把稳船舵，无论在边缘或在核心，都应各安本位，谨慎明敏的各尽所能，整理固有文化，以配合新时代的要求。那是任重而道远的，要能耐得凄凉，甘于寂寞，在无闻中，散播无形的种子。耕耘不问收获，成功不必在我。必须要有香象渡河，截流而过的精神，不辞辛苦地做事。

看当下社会的知识文化界，心中并非没有过高尚的理想，可能在民间也潜藏着坚持坚信的力量。但是，让人担忧的是，不仅这种力量缺少生存和发展的环境，甚至几乎要被现实中的热闹的繁荣景象所淹没了——受时风影响，整个知识文化界浮躁成风，耐不住寂寞，学者明星化，而且自降格调，日益走向媚俗，以哗众取宠为荣。与传统的知识分子相比，少了许多"穷酸"和所谓的"臭骨头"脾气，不再清高自许，不再以精神贵族自居，倒是越来越平民化了，这是一个进步；行动力也越来越强了，坐不住冷板凳了，耐不住清贫和寂寞了，开始学着演艺的明星"走穴"了，到处演讲、讲学，急于把学问迅速转化为生产力，变为实实在在的名利双收。商家有需要，社会有需要，为什么不呢？至于什么社会的良心以及文化使命，这些虚而不实，艰难痛苦的道路，让别人去走吧！不如现实点。

所以，南先生在说到教育时，曾婉讽说："'知识就是钞票'，学一样东西，先问学了以后能赚多少钱。"

在说到知识分子的使命时，南先生说：一个知识分子，为什么要对国家社会挑那么重的责任？为什么要为历史、为人生走那么远的路？因为一个受过教育的知识分子，"仁"就是他的责任。什么是仁？爱人、爱社会、爱国家、爱世界、爱天下。儒家的道统精神所在，亲民、仁民、爱物，由个人的爱，发展到爱别人、爱世界，乃至爱物、爱一切东西。西方文化的爱，往往流于狭义；仁则是广义的爱。所以知识分子，以救世救人作为自己的责任，这担子是挑得非常重的。那么，这个责任，在人生的路途上，在历史的道路上，要挑到什么时候？有没有得退休呢？这是没有退休的时候，一直到死为止。所以这个路途是非常遥远的。当然，要挑起这样重的担子，走这样远的路，就必须要养成伟大的胸襟、恢宏的气魄和真正的决心、果敢的决断、深远的眼光以及正确的见解等形成的"弘"、"毅"两个条件。

□ 如切如磋，如琢如磨

南怀瑾先生说："如切如磋，如琢如磨"这八个字是引用古诗里的原句。这诗是讲做玉石的方法，如花莲的玉石，最初是桌面大的一块石头，买来以后，先将它剖开，里面也许能有几百个戒指面，也许只有十个八个也说不定。做玉器的第一步，用锯子弄开石头叫剖，也就是切；找到了玉，又用锉子把石头的部分锉去，就是第二步手术叫磋；玉磋出来了以后，再慢慢地把它雕琢，琢成戒指型、鸡心型、手镯型等一定的型式、器物，就是琢；然后又加上磨光，使这玉发出美丽夺目的光彩来，就是磨。切、磋、琢、磨，就是譬喻教育。一个人天生就要接受教育，要慢慢从人生的经验中，体会过来，学问进一步，工夫就越细，越到了后来，学问就越难。

玉不琢，不成器。人也是一样，虽有天赋存在，但并不能生而知之，很多能力，都是要靠后天培养的。所谓"十年树木，百年树人"，培养一个人不容易，说明一个人的成长之路是漫长而艰难的。不仅需要自觉的学习，而且更要接受来自各方面的严峻考验。一个人的成长很难，而在竞争的社会，成功就更难了。所以，一个人要想成功，只有不断磨砺自己，否则，难以成大器。

著名京剧艺术家梅兰芳，你看他唱戏时，那眼神，是那么传神，其顾盼流转，真是妖娆多姿，令人迷醉。但是，他的眼睛，原来可并不是那么有神采的。

据说，梅兰芳小时候，相貌并不出众，眼神还有些呆板，性格也不是那么人见人爱的，见人也不大会说话。

他八岁那年，家里的私塾请来了一位有名的朱素云先生，由他来教梅兰芳学戏。第一出开蒙戏是《二进宫》，老师反复教他，但梅兰芳就是不能上口。朱先生见他进步太慢，认为他不是学戏的材料，再不教他了。临走时，将梅兰芳叫到跟前斥责说："祖师爷没给你这碗饭吃，我也没办法。"说完，拂袖而去。

但是，梅兰芳表面看上去没什么个性，但在心里，可不是一个没主意的孩子。他的自尊心很强，而且是个有志气、有毅力的孩子，朱先生的话，像一根针刺一样，深深刺疼了他的心。

梅兰芳心想：难道别人能学会的戏，我就学不会吗？难道我比别人少点什么吗？他努力寻找自己的缺点，认为并没有什么不能改善的地方。于是，他暗下决心：非要做出个样子来不可。一定要为自己争口气，让那个老师对自己刮目相看。

不久，梅兰芳进入"云和堂"学戏，拜吴菱仙老先生为师。这位吴先生，对梅兰芳的要求十分严格，有时甚至采取十分严苛的训练方法，但是，梅兰芳并不怕苦，总是按老师要求，咬着牙完成所有的动作。

吴先生的功夫中，最厉害的一手是跷功。有一次，他搬来一条板凳，上面放着一块砖头，让梅兰芳脚踏两根米来长的高跷，站在砖头上，并要求他站一炷香的工夫。

开始，梅兰芳站上去，心里十分胆怯，总是战战兢兢的。不到三分钟，就腰酸脚疼支撑不住了。可他刚跳下来，又必须马上再站上去，因为一炷香烧不完，是不准下来休息的。梅兰芳的腿都站肿了，但他从不喊苦。经过一段基本功训练，梅兰芳的跷功有了很大长进。但他没有满足，又积极主动地设法增加训练难度。

秋去冬来，他在庭院里找块地方浇了一个冰场，冰面光洁如镜，人走上去都免不了摔跤。可梅兰芳偏偏要踏上高跷，到冰场上去跑圆场。高跷本来重心就高，支撑面又很小，再加上冰滑，梅兰芳经常摔得身上青一块紫一块的。

吴先生看在眼里，也不免怜惜心疼起来，他对梅兰芳说："休息几天再练吧！"梅兰芳却坚决地说："先生，您不是常常说，练功练功，一日不练三日空吗？"说得声音响亮，让先生也心生赞赏无奈，只好让他继续练下去。

就这样，他练了一次又一次，努力克服心理障碍，不断激励自己，终于拿下这项硬功夫。冰上踩跷的功夫，使梅兰芳受益甚大。在晚年，他曾多次说："幼年练跷功，颇以为苦，但使我腰腿力量倍增。我在六十多岁时仍然演出《醉酒》、《穆柯寨》一类刀马花旦戏，就不能不说是当年严格训练跷功的好处。真可谓'不受一番冰霜苦，哪得梅花放清香'啊！"

由梅兰芳，这位享誉世界的艺术家勤学苦练的故事，我们知道"梅花香自苦寒来"的道理。古人说："只要功夫深，铁杵磨成针"，"精诚所至，金石为开"，都是说明一个人只有刻苦学习，精进不已，才能"一分耕耘，一分收获"。

人虽有天赋存在，但人与人之间的聪明，并没有多大的不同。我们也看到，有很多基础相似的人，成长到后来，却有了天壤之别！这是为什么？是后天对自己的艰辛打造。打造，不仅要琢磨，更有磨砺。不只是学业成长，更有生活阅历，人生经验上的历练，还有自觉的修养。纵使你有成玉之质，也需要琢磨的。所以，后天的努力是我们必然的，没办法选择的，只要是活着，不想苟且而活，就要努力；而要想成功，做点事情，则必须要吃苦。

所谓"吃得苦中苦，方为人上人"，一个人没有吃苦的精神，是不可能活出精彩人生的。人生一世，本来就不容易，更何况对于一个想成功的人呢？自然就更要付出比常人更多的努力和辛苦。心存侥幸不行，天下没有掉馅饼的事儿；成功没有捷径，也没人可以依靠，只有靠自己。即使有一时的幸运，但不能说明从此可一劳永逸，高枕无忧。所以，无论你是谁，无论你有多少天资和后天的条件，要想成功，就必须做好吃苦的准备，除了行动上的努力，更要有心理上的准备和承受力，否则，成功是不可能的。

孟子说："天将降大任于斯人也，必先苦其心志，劳其筋骨，饿其体肤，增益其所不能，然后……"古今中外成就非凡的人，无一不是走过艰难困苦，经历过大风大浪，有过非同一般经历，在行动和心理上都超越了平凡的人。

北宋的文学家范仲淹（公元989～1052），工于诗词散文，有《范文正公集》留世。我们知道他发出的"先天下之忧而忧，后天下之乐而乐"，千百年来，已经成为中国知识分子的座右铭，激励着千千万万的知识分子，也成为我们中华文化的强大精神力量。

范仲淹可不是一个单纯的文人，他还是一位有着时功的大政治家。可以说，像他这样，有文名又有实绩的知识分子是不多的，绝对称得上是一位成功人物。

让我们看看他的仕途履历，看起来真是一帆风顺：太宗祥符年间中了进士，然后，由晏殊推荐为秘阁校理。后来，他又被拜为枢密副使、参知政事。他主张推行新政，改革吏治，提倡农桑，减轻劳役，加强军备，因保守派反对而失败，但最终为自己的政治理想做了最大的努力，也做出自己的贡献，成就自己的不朽之名。

但是，在成功的背后，你也许想不到，他付出了多少艰辛的努力。

范仲淹的祖上，原来也是官宦之家。五代时期，他的爷爷范赞，时任吴越国秘书监。父亲范墉，任武宁军（徐州）节度掌书记。范仲淹就是范墉在徐州所生的第三个儿子。

但可悲的是，范仲淹在刚两岁时，父亲便去世了。家境不久便开始走向衰落。母亲谢氏为了生活，不得不带着他改嫁给淄州长山县（今山东邹平县东）朱氏，更姓朱，名说（中进士后恢复本姓）。

幼年家贫，但范仲淹从小就很有志气。他曾在长白山（今山东邹平县南）醴泉寺读书，因家庭贫苦，每天只能煮一盆薄粥，分作四份。早晚各两份，切一点荠菜，加一点盐来，就着吃。就这样，苦学了三年。

后来，他得知家世后，十分难过，哭着辞别了母亲，到南都（今属商丘）学舍读书。学习更加刻苦，可以说是废寝忘食，夜以继日，有时通宵达旦。在五年苦学的时间里，范仲淹没有脱过衣服睡觉！可想他的学习精神。

由于范仲淹勤奋学习，终于成为一个很有学问的人，并"学而优则仕"，一步步晋身为国家中枢的重要官员，推行改革，实现自己的政治抱负和济世为民的理想。

范仲淹不仅人穷志不穷,从小有骨气,有志气,而且从小就怀有伟大抱负。当他还是个秀才时,就"以天下国家为己任"。后来,他当了谏官,曾大胆揭发吕夷简滥用职权,任用私人,受到贬谪处分。后来,他在与西夏的战争中立了大功,又回朝任副宰相。然后,他抓住机会,施展抱负,积极推行新政,改革时弊。虽然因触犯一部分权贵利益而遭到排挤而不得不废止,但毕竟树立了他在政治上的青史之名。

后来,他在岳州做官的老朋友滕子京,修建当地的名胜岳阳楼,请范仲淹写篇纪念文章。范仲淹写下了脍炙人口的《岳阳楼记》。他在这篇文章里提出,一个具有远大抱负的人,应该树立"先天下之忧而忧,后天下之乐而乐"的思想。

这句话,不仅是范仲淹对自己的鞭策,更是对中国所有知识分子的激励。一千多年来,这句话成为无数仁人志士为国为民、奋斗不息的名言警句。

据说,范仲淹一生艰苦朴素,经常把自己的薪俸分给乡亲,深得人民拥戴。他"死之日,四方闻者,皆为叹息",人民"哭之如父"。

他以自己刻苦求学上进的经历,激励着无数清寒的学子们,发奋努力,实现自己;他以自己的实际行动,践行着一个真正知识分子的为学和为官使命。

□坚持做人做事的节操

子夏曰:"贤贤易色,事父母能竭其力,事君能致其身,与朋友交言而有信,虽曰未学,吾必谓之学矣。"

南怀瑾先生在解释这几句话时说:这几句话,是接着证明了学问的目的,不是文学,不是知识,是做人做事。

"贤贤易色":"色"指态度、形色。我们看到一个好人,学问好,修养好,本事大,的确很行,看到他就肃然起敬,态度也自然随之而转。这是很明白,很平实的,是人的普遍心理,不管一个如何坏的人,总会不自觉地对好人比较友善,这是人之常情。

"事父母能竭其力":是讲孝道。孝道也是要量力而为的,孝要竭其力,不要过分了。古人有对联为:百善孝为先,原心不原迹,原迹家贫无孝子。万恶淫为首,论迹不论心,论心世上少完人。重在有孝心,否则穷人家里没得孝子了。

"事君能致其身":中国文化中的"君",也不是皇帝的专用词。不论朋友或同事,既已答应帮忙完成一件事,要抬轿子就规规矩矩一定尽心,答应了就言而有信。就好比结婚从一而终。

"与朋友交言而有信"这句话实在很不容易，所以子夏说，尽管这人没读过一天书，我也一定说，这人真有学问，这不是说明绝非读死书呀。

见贤思齐，人心向善，想得自然好。做起来，难。忍得一份苦，耐得一份甜，种种诱惑磨难，来历练强者人生。

子夏以事亲以孝，事君以忠，交友于义，见贤思齐，作为一个人真正有学问的标准，同时也说明真正的知识不是学问，学问的目的是做人做事。

求学本不易，而为人也何其难也！子夏提出的这个标准固然不错，但也不免有理想化的成分，真正做起来是不容易的。毕竟人生活在俗世中，面对各种诱惑，面对各种进退取舍之选择，能够保持一份纯粹有多么困难！而知识分子也是人，而且对自己的人生有更多的期望和要求，就更难免掉入欲望的陷阱中不能自拔。所以南先生说，说起来容易，做起来则很是难了。

人都有难以超越的自身局限性，能够节制自己，除了一份坚守外，更需要修养和智慧的把握。大千世界，世象纷繁复杂，要做到明辨是非，抵抗各种诱惑，做到进退自如，穷通淡然，没有相当的修养和智慧，是难以把握的。所以，做人是需要修炼功夫的。君子之为人处世，当有自己操守和风格。

面对人生富贵，孔子说："富贵于我如浮云。"孟子也说："贫贱不能移，威武不能屈，富贵不能淫，此之谓大丈夫"，体现了中国传统知识分子对独立人格和精神的坚持，不受外在的左右，坚持学问和做人的格调。作为一个知识分子，以学问为人生理想，那人生的奋斗和成就之路，就显得更加不容易了。孔子为了学问追求一生，寂寞一生，即使不遇，也不肯放弃人生理想，五百年后，其学说才得到真正的发扬光大。这不是一个普通的知识分子所能做到的。要不然，怎么叫圣人呢？

圣人之境界给人可望而不可即之感，但作为知识分子，应当以孔子自励，达不到那样的高度，至少也要尽力而为，以孔子为榜样，在有生之年，学问知识，做好自己，安身立命，修身齐家，完成一个人的使命。

但是，中国自古以来的知识分子，都有一份功名思想，而且重名节，最难克服的就是功名的诱惑。事实上，对于大多数知识分子来说，要想实现自己的人生抱负，最好的办法就是入仕；也只有此路，才能让他的学问转化为力量，最大限度地发挥他的个人意愿，实现济世济民的爱国理想。所谓"穷则独善其身，达则兼济天下"，是很多知识分子的人生追求。

为官一任，造福百姓，利国利民，成就功名，如果再能成就一番不世功业，则更是光宗耀祖的人生之大幸事。所谓"学得文武艺，货卖帝王家"，既能实现现实名利，显身扬名，又可实现人生理想，何乐而不为呢？所以，历来的知识分子，不仅乐于诗文和道德文章的学问之事，更表现出对于功名的汲汲追求。

只是，官场风云多变幻，高处不胜寒，竞争更加残酷。人在官场，总有身不由己之感，太忠正不行，太廉洁不行，太耿直不阿不行，其中的分寸把握，只能靠自己的小心和智慧了。儒家所谓的"外圆内方"固然不易，但如果能做到善于中庸为人处世，善于明哲保身，知进退荣辱，能持盈保泰，坚持做人的纯粹性，就已经算是难能可贵，算是相当了不起的人了。他们把自己的知识学问和做人连在了一起，因而成就了成功的人生。

而另一些所谓的知识分子，运用自己掌握的那点学识和头脑中那点所谓的智慧，干谒权贵，摇尾乞怜，充当权贵的狗头军师；或者巧言媚上，取悦于人，充当权贵的捉刀手，为权贵歌功颂德。他们的所谓学问，最终因为做人做事的不到位，而出卖了他们——抵抗不了名利金钱的诱惑，迷失了自我，人生归于败局，悔之晚矣。所谓"君子固穷"，这个穷，不仅说的是能够耐住寂寞，能够"安贫乐道"，更有一种坚持自我节操，不向权贵妥协的尊严和骨气。

所以，孔子当年就对一些读书人"急于仕进，志有利禄"的人表示不屑，而对一些安心学问的人发出赞叹，他说："数年发愤，勤奋苦读，而不想做官发财的人，真是难得呀！"后来的陶渊明，不为五斗米折腰，宁愿过清贫淡泊的生活，也不与权贵同流合污，体现了知识分子的操守。这种操守是什么？就是高扬的尊严和做人做事的原则。也就是孟子所说的"舍生取义"也。

真正的学问，目的是做人做事；做人做事，不仅是学识和才干问题，更有人品、修养和智慧的问题。无论是做学问，还是为官从政，能做到不失独立不倚的人格精神，才不失为真正的知识分子。

□以德树人，得英才而乐之

子曰："默而识之，学而不厌，诲人不倦，何有于我哉？"

  对此，南怀瑾先生说："诲人不倦"的教学态度看起来容易，做起来难。孟子说："得天下英才而教育之，一乐也。"但是如果"得天下笨才而教育之，一苦也"！教育的事有时真使人厌倦不堪。尤其是现在青年的教育，从小底子打得太差了，几乎必须重新打基础。所以一个真正的教育家，必须要有宗教家的精神，爱人爱世，须有舍身饲虎、火海救人牺牲精神才行，又像是亲自施用换心术，硬要把自己的东西，装到他的脑子里去的这种心情。但有许多学者有了学问，却当成千古不传之秘，不肯教给别人。

对于教育，孔子是把它作为自己学问和思想的重要阵地来支持的，与他虔诚求学为学一样，孔子对于教育，有一番"诲人不倦"的宗教情怀。所谓"因材施教"，他不仅针对每个学生的情况，施以不同的教育，而且乐于教学相长，善于向学生学习，孔子说："三人行，必有我师焉"，可见孔子的谦虚好学精神，他的这种言传身教，直接对学生起到榜样的作用和力量。

作为一个教育家，教书的目的是育人，当看到学生德才兼备，很有潜质时，当然是求之不得的好事。而面对一些难以教育，如朽木难雕的学生，孔子又不免发出困惑和烦恼，所以发出："得天下英才而育之，一乐也；得天下笨才而育之，一苦也。"但无论是英才，笨才，孔子在这两种学生身上都投入了大量的精力，真正做到了平等相待，"诲人不倦"。

作为一个有政治抱负但不能得遇的思想家，孔子的政治理想和文化理想都不能如愿地得到施展的机会，于是，转而寄希望于教育这个千秋伟业。把自己的学问思想传授给学生，让他们薪火相传，以此实现自己的文化理想。这种选择既是一种在现实面前的权宜之计，更是一种审慎思考后的智慧抉择。为此，孔子能耐得住寂寞和清贫，以教书育人为乐，同时进行着自己的学问思想，在当时的背景下，这是一种最合适他，他也能从中找到乐趣的生活方式。与天下求学上进的学生在一起，教学相长，是很快乐的事情。

孔子的行为，在当时已经引起很大的影响。据说他的学生超过了三千人，其中有七十二贤人，可谓"桃李满天下"了。他的学生，有很多"青出于蓝"，做了官员，但孔子还是坚持着自己的教育事业，并不轻易为权势所动，也不去羡慕富贵。他知道，自己的事业是能超越时代的。

子贡、子路是孔子喜爱的两个学生，但孔子最欣赏的却是颜回。那么，孔子为什么那么喜欢颜回呢？就是因为他聪明好学，而且人品很好，不慕名利，甘于淡泊，自得其乐。孔子评价颜回说："一箪食，一瓢饮，在陋巷，人不堪其忧，回也不改其乐。"不仅如此，孔子经常是逢人便夸颜回的好学有德。对于颜回言行及思想，孔子无一不表示出赞赏。我们看到，短短一万多字的《论语》中，记载孔子夸赞颜回的，就有十几处之多。

有一次，鲁哀公问孔子："你的学生中，哪个弟子最好学？"孔子告诉他："颜回最好学，自从颜回死后，就再也没有那么好学的弟子了。"（《雍也》）在回答季康子同样的问题时，孔子也有类似的回答（《先进》）。一次，孔子问子贡："你跟颜回相比，谁更优秀？"子贡说：

"我不敢跟颜回相比。颜回闻一知十，自己只是闻一知二。"孔子听后，表示认同（《公冶长》）。

据说，孔子搞过门下弟子德行、言语、政事、文学三个排行榜，颜回名列德行榜榜首（《先进》）。

孔子和颜回，这一对师生之间，也是惺惺相惜，相互欣赏的。

《论语·子罕》记载，颜回对自己的老师孔子十分崇拜，曾赞叹道："仰之弥高，钻之弥深。瞻之在前，忽焉在后。夫子循循然善诱人，博我以文，约我以礼，欲罢不能。既竭吾才，如有所立卓尔。吾欲从之，末由也已。"在颜回的眼里，孔子是泰山北斗，是世间最博学、最伟大，是自己须臾不可离开的伟大导师。

《史记·孔子世家》记载，孔子带领着众弟子周游列国，行到陈国和蔡国之间的旷野，粮尽人病，陷入绝境。面对这种情况，孔子本人，还在那里继续讲课、弹琴、唱歌。但是，子路、子贡等弟子却都非常不满，纷纷跑去质问孔子："您这套学说是不是有问题了？"面对现状，孔子也陷入了沉思，他的一套儒家思想理论，看来还需要经受更多的考验。学生们在质疑，自己也陷入痛苦。此时，学生颜回，却依然表示对孔子的学说深信不疑。孔子问他"我的学说错了吗"，"我们为什么被困在旷野中"这两个问题时，颜回认真地回答道："先生，您的学说太伟大了，所以天下没有容纳得下的。尽管如此，您还是一直在努力推行自己的学说，容纳不下有什么关系呢？学说不够完善，是我们的耻辱。学说已经完善而得不到采用，那是君主们的耻辱。容纳不下有什么关系，容纳不下才证明您是君子！"这一番宽心话，说得孔子烦恼顿消，心花怒放，一反常态说了这么一句话："说得太好了，你真是理解我啊！颜回，倘若你是富豪，我愿意给你做管家。"

颜回不但没能成为富豪，因为家境贫寒，营养不良，才三十来岁就夭折了。他父亲颜路给他料理后事时，连棺椁都置办不起。

孔门弟子中，有的是将相、栋梁之材。例如，子贡、子路、宰我、冉有等人，都是出将入相之才。但是，孔子却如此对颜回情有独钟，赞不绝口。反映了孔子教育中重视品德和做人的教育思想，这正是他之所以伟大的原因。作为老师，学生富贵了，但没有攀附思想；学生贫穷，也并没因此否定他，相反，而是给予他充分的最大的肯定。可见，孔子的眼光，不是常人的世俗眼光，不以成败论英雄。做人和修养教育，是他教育的重点。而能力问题，则是技术层面的东西，不是孔子教育思想中所强调和重视的。与其他显身扬名的学生相比，颜回安贫乐道，能自得其乐；而且不失做人的道德和修养，能够独善其身，这是十分了不起的，所以大加赞扬。孔子也曾感叹才能与太注重学生的品德修养，忽视了工作能力的培养。有一次，孔子大发感慨说："颜回的学问道德都很好，可是常常穷得揭不开锅；子贡不安本分，但囤积投机，往往能够成功"（《先进》）。他这是为颜回抱不平，但他能理解颜回的生活方式。

如果从功利角度看，颜回当然是无能失败的，但从道义角度看，颜回却有自己的成功。而安贫乐道的生活，也许正是颜回自己乐意的一种选择。有一天，颜回、子路待在孔子身边，孔子让他们各言其志。子路说自己愿意把车马衣服跟朋友们分享，坏了也不觉得遗憾。颜回说不夸耀自己的好处，不张扬自己的功劳。可见，颜回本来就无意于功名，喜欢独善其身，与世无争的生活。也因此，孔子十分佩服赞赏。

颜回的才德和为人为学，正合了孔子的育人理想，所以大加称赞。颜回对于孔子，是英才，所以，以育之为乐。后来的大思想家孟子，也曾说人生三大乐事为：父母俱全，兄弟间无事，能尽孝悌；对天地，对人都无悔；得天下英才而育之。也把育英才当成人生一大乐事。由此可见，教育家们对英才的求之若渴思想。

今天那些心怀势利的教师们，两眼专盯着学生的家世背景，是不是应该有所思考呢？

学而好古,敏以求之

南怀瑾先生说:讲到孔子的好古,我们今天就更警觉到问题的严重。孔子说自己不是天生就知道的,只是他有一副好古的精神。我们今天讲复兴中华文化也好,保存中华文化也好,为后代着想也好,怎样好古呢?就是承受传统文化后,运用智慧,敏捷而勤奋地反省研究。再"敏以求之",这才是认真的工作。孔子在这里这样说,表示他的成就,都从力学而来。这是他谦虚的话,也是他老实的话。任何天才,不加上力学是没有用的,有很多人很聪明,但聪明的人往往不大肯力学,作学问不踏实,不能"敏以求之",因此学问都是虚的。所以孔子这句话很明白地告诉我们,作学问、做人、做事的基本原则,要"好古,敏以求之者也",不求就不行。

孔子自谦说自己"我非生而知之",只是有一般人"不如丘之好学也"。孔子的确是"敏而好学"的,为了学习,他说:"朝闻道,夕死可也。"并说,自己的休息,是在坟墓。可见孔子坚持终身学习,学习一生,学习就是他的生活方式,做学问,就是他的人生追求。

孔子自称自己"敏而好古",就是说,喜欢钻研古代的学问思想,以史为鉴，从中得到启发和教育，所以，他自称"述而不作，信而好古"，但他对古代知识的学习绝不是死读书，也不是照搬拿来而用的，而是创造性的学习，学无常法，头脑灵活，做到"举一反三，触类旁通，一通百通"，正因他的这种学习，他才能创造性地创立起自己的儒家学说。对于古代社会，尤其是周朝的礼制，孔子是十分推崇的，而且尽力整理出来，以供后人学习。不是薄古厚今，但孔子对古代的礼制的确很推崇，主张沿袭学习，自己一生也坚持着"克己复礼"，不仅如此，在匡正时风上，孔子从教书育人的角度，一直做着自己的努力。

对于礼，孔子十分重视的，认为是一个人道理精神的外化表现，他说："不知命，无以为君子也。不知礼，无以立也。不知言，无以知人也。"

据说，有一天孔子站在庭院里。他的儿子孔鲤"趋而过庭"。

"趋"，就是小步快走，是表示恭敬的动作。在上级或长辈面前，走路要"趋"，低着头，就这样走过去。孔鲤看见父亲孔子站在庭院里，于是低着头"趋"步走。孔子却叫住了他，问："站住！今天学诗了吗？"

"没有。"

"不学诗何以言？"（是说：不学诗，你怎么能做善于说话呢？）

"是。"

于是，孔鲤退下去学诗了。

又有一天，孔子又站在庭院里。

孔鲤又"趋而过庭"。

孔子又叫住他，说："站住！学礼了吗？"

"还没有。"

"不学礼何以立?"（不学礼，你怎么能好好地做人呢?）

"是。"

于是，退下去学礼了。

从这里，我们看出孔子坚持奉行的诗礼之教，既做到了克己复礼，又以此严格要求自己的后代和弟子们。

孔子的学习，不只是向书本学，还要向他人学习，所谓"有教无类"，他说："三人行，必有我师"，学无常师，择善而从。上至大哲学家老子，下到七八岁的幼童，孔子都能做到虚心求教，积极学习。真正做到了谦卑处下，虚怀若谷。

吕蒙是三国时吴国著名将领，小时候家里很穷，没读什么书。一次，孙权对吕蒙和蒋钦说："你们如今执掌大权，应加强学习，这样于己有益。"吕蒙答道："军中事多，无暇读书。"孙权说："我难道是让你们去当经学博士吗？不过是让你们多读些书以增长见识而已。要说事多，你们难道比我的事还多吗？我自幼熟读《诗》《书》《左传》《国语》，只不读《易》。执掌朝政出来，经常看《史记》《汉书》等史书以及诸子百家的书和兵法，自以为大有收益。你们二人都是很聪明的人，只要肯学习，必会有所得，为何不这样做呢？孔子说过：'终日不食，终夜不寝，以思，无益，不如学也。'汉光武帝刘秀当兵马之劳，仍手不释卷。曹孟德也称老而好学。你们为何不激励自己，发奋读书呢？"从此，吕蒙坚持学习，所读之书，比一般书生还多。后鲁肃接替周瑜任都督，与吕蒙交谈，学识不及吕蒙，鲁肃叹道："我以为大弟只有武略，不料今日学识如此渊博，再也不是昔日阿蒙了！"吕蒙说："士别三日，当刮目相看。"

□伟大人物往往是寂寞的

南怀瑾先生说：古今中外，许多被后世认为是多么伟大，能影响千秋万世的人物，在当时，大多数都是那么凄凉寂寞的。因为他们在生前不重视短见的唯利是图，对自己个人，对国家天下事，都是以如此的人品风格来为人处世的……一个人先要养成会享受寂寞，那你就差不多了，可以了解人生了，才体会到人生更高远的一层境界。

南先生此言，是说古今中外成就非凡的伟人，都是生前甘于寂寞，而身后留下万世之名的。他们之所以这样，不是因为他们没有本事让自己过得更好，让自己门前热闹起来，而是他们有所不屑为之，有所不为，是为了有所为。

为了心中这个认定的"所为"，他们不肯向现实低头，不与世人同流合污，不肯失去自我原则和节操，不降低自我生活的格调，保持人格、尊严和精神的独立而自由的姿态，按照既定的方向生活，为此上下求索，百折不挠。一旦认定，就始终如一，善始善终，坚持一生。

而他们心中的这个"所为"，一般来说，是一般人不能理解的，所谓"雁雀安知鸿鹄之志哉？"所以，他们要实现自己心中的目标，有"所为"，就要接受来自各方面的压力和挑战，成功就成为更加困难的事情了。孟子说："天将降大任于斯人也，必先苦其心志，劳其筋骨，饿其体肤，增益其所不能，然后……"凡是伟大人物，总要经受更多的人生磨难，才能有所成就，实现自己的人生理想。甚至，其生是寂寞清苦一生，而身后才留名的。所谓"千秋万岁名，寂寞身后事"，伟大人物，在生前往往是寂寞的。

孔子生于乱世，周游列国四处碰壁，曾困于陈、蔡，无米断炊，险些饿死道中。生前为实现政治理想而奔波，最终不能实现，转而求诸于教育宏道育人，一生清苦，身后五百年，其学说才真正发扬光大，光照千秋。孙膑遭忌，在被剜去两只膝盖之后修成一部传之后世的《孙膑兵法》。屈原被谗言所害，屡遭放逐，于三湘四水的荒蛮野岭中赋得绝唱《离骚》。司马迁生前写下皇皇巨著《史记》，也是身后留名的。直言情理，受囚禁之大侮，领宫刑之奇耻，忍辱负重，呕心沥血方成一部"无韵之《离骚》"——《史记》……此外，像曹雪芹、沈从文、张爱玲，等等，哪一个不是生前寂寞，甚至被人误解，而身后才被人们重新发现，大放光彩的呢？

但是，他们为什么选择寂寞和清苦呢？难道不想风光舒服地活着？当然也想舒服地活，也有名利之求，但是，这些物质的、外在的东西，与他们内心的心志和节操比起来，当二者发生矛盾时，后者就变得更加可贵，不能失去了。作为人，有自己的原则和节操；作为知识分子，有自己的道义追求和文化理想，为此，高扬自我生命的尊严，绝不会为人左右，更不会受物质所奴役，失去人格与精神的独立和自由。如孔子所说："饭疏食饮水，曲肱而枕之，乐亦在其中矣。不义而富且贵，于我如浮云。"孟子所说，有一种"威武不能屈，贫贱不能移，富贵不能淫"的大丈夫气概，如曾子所说，有知识分子的"弘毅"之精神，为此，甘于"安贫乐道"，能够忍受物质的贫乏和生活的困苦磨难，能够无视别人的误解疏远和孤独寂寞，甚至是精神上的痛苦磨砺，在他看来，这一切都是为他的高尚理想而服务，来做铺垫的，是上天对自己的考验。当然，这不是自我麻醉，而是有着相当的自信和坚定为基础的。

如南先生所说：有极少数的人，他始终漠视现实，为崇高的理想而努力，放弃自我而为天下人着想，不顾自己短暂一生的生活现实，而为千秋万代着眼……像孔子、孟子他们，并不是不懂得怎样去'阿世苟合'，向世风所妥协，为了自己本身的现实利益，随便去迎合别人的意见。实在是非不能也，是不肯为也。所以，他们的个性是宁可为真理正义穷困受苦，也不愿苟且现实而活，追求那些功名富贵。孟子说："鱼，是我喜欢的，熊掌，也是我所喜欢的，如果二者不可兼得，只有舍弃鱼而取熊掌。生命是我所爱好的，义理，也是我所爱好的，如果二者不可兼得，只有舍弃生命而取义理。"

所以，他们宁愿选择让自己心里舒服的，也是自己真正想要的生活，永远不失去内心的独立不倚的姿态，专心致志做自己想做的，也认定的事情，生前寂寂无所谓，纵使身后无名也无所谓，只要自己喜欢，如孟子所说，对得起天地良心，于己于人都无悔，就可以问心无愧，心安理得了。此所谓君子也。伟人首先在人格上是高大的，因其高大，才能真正成就利在千秋的伟业；因其高大，才能无所谓眼前的，现实的利益和成败得失，穷通荣辱。

寂寞、苦难、不遇，对于他们，算得了什么呢？他们早已做好了准备。正好借此磨砺自己的意志品质，完善修养自己，提升智慧。也因此，他们能超越平凡，成就非凡，名留史册。

□做到留名不容易

> 南先生说：好名好利，是人心的根本病根，贤者难免……但留名可不是那么容易的事。

名利之求，人皆有之。只是追求的侧重点不同而已。

所谓"名利尊卑贪争无二"，在一个看透世情的人眼里，重视道义节操的人，能把千乘之国拱手让人；一个贪得无厌的人，一文钱也要争夺。就人品来说有高下之分，但就人性而言，都是有贪婪的人，二者并无本质的区别。就像当皇帝，他的任务是治理国家，而当乞丐，任务是讨吃要饭，地位享受不同，但都有人生的痛苦。如果说区别，就是品质的高下，层次的高低。庸人和小人，贪图现世的利益，没有精神追求；而君子、贤人们，与物质相比，更多了份精神之求，把这份追求转化为身后的留名。哪一种活法更有品质？一目了然。但是，更多人不选择做君子贤人，因为太累，太苦，要一生辛苦，这是难以忍受的。一个人能做到安贫乐道，是不容易的。也正因此，成就了君子圣贤的伟大。

庄子在《外物》篇中说："沉静可调养病体，按摩可延缓衰老，宁静息心可平复内心的浮躁。虽如此，像这样的人，仍属于操劳碌碌的人，这些以闲适为目的人是从不过问的。所以，圣人用来教化天下的道理，神人不去过问；君子用来治理国家的方法，贤人不去过问；小人用来苟合于时的伎俩，君子也从不过问。"

可见，人与人之不同，人各有追求，各有使命，所以活法也不同。但是，人品有高下之分，生活有质量之别。志向不同，境界不同。君子贤人之品质高，当然生活品质也高，留名于世的追求，也就是很自然的了。也只有他们，才可能留名。有人说：文人虚伪，表面清高，实则有名利之求。当然，没有追求，就不叫人了。这有什么错吗？没有。

中国的知识分子，历来有一份身后留名的情结。古人说："一心洁白，流芳千古。"元代诗人兼画家王冕，在他的一幅《墨梅》画里题诗说："不要人夸颜色好，只留清气满乾坤"，俗谚"豹死留皮，人死留名"，一生追求的目标，就是"留取丹心照汗青"。儒家知识分子追求"立功、立言、立名"之三不朽，其三者之间往往又密切相连的，人生的最终旨趣，就在于名留史册，光耀后世。所以，历来的儒生，十分重视名节，视之如自己的羽毛的。

> 东汉时，王密任昌邑令。一天夜里，他怀里藏着巨金，去贿赂杨震。
>
> 他说："你不必害怕，夜深无人，没有人会知道此事的。"
>
> 杨震回答说："天知、地知、我知、你知，何谓无知？"一句话把王密呛在了那里，哑口无言。
>
> 贿赂不成。没办法，只好灰溜溜回家了。
>
> 杨震断然拒绝贿金，维护了自己的清白人格，因此有了"震畏四知"一语。
>
> 为官清廉，保住自己的名节，这是身为官员最重要的品质。杨震作为知识分子，没失去良知；作为官员，没失去清廉。生活中注意检点自己，严以律己，维护自己的好名声。同时修身养

性，与人为善，以身作则，终于为自己留下清名。

如果不能立不世之功业，那么就选择"立言"，写道德文章，以期流传后人，遗芳百世。古人认为文章是"千古事"，学问道德文章，因为承载着精神，往往能万古不死；而功名、事业和富贵，都会随个人和时代的消亡而消失殆尽。古人追求的就是精神的不朽之名。所以，古来那些有才德的知识分子，总是怀着一份名节之追求，可以放弃功名利禄，但不可心失去名节，更对于道德文章倾注巨大的热情。因为在他看来，文章千古事，是可能为他留下千古名声的。

但是，史上留名，当然是很难的，不是你努力就一定能做到，也不是你有功业就一定可留个好名声。一切都要经受历史的考验，让时间和后人去评说。当世的评论并不能说明什么。所以，清代诗人吴梅村说的："饱食终何用，难全不朽名。"古人追求的名声，可不像现在这么急功近利，追求现世的名声，以带来现世的实惠。他们追求的是身后留名，希望自己的功业，或学问道德，能遗惠后人，流芳百世。

当下社会的名声之求，与古代相比，程度上可是有过之而无不及。只是追求的是现世名，目的为现世的利益。至于身后名，那是没谱的事，而且太不现实，太不实惠了，谁去追求那个呢？不如现实点更实惠。所以，今天的一些知识分子的求名，可不在乎古人那些万世之名的。也不像古人那样苦修，坚持节操，修养一生，立不世功业，著道德文章，而是急功近利，坐不住书斋，静不下心来，没兴趣于研究学问，更感兴趣于到处游学、演讲、走穴赚钱，上电视报纸，与某人在网上开口水战……反正，目的也是为了出名；而出名呢？是为了赚钱，生活水平得以提高——才不肯像古人那么傻，去"安贫乐道"呢！都新时代了，让"君子固穷"之类的观念见鬼去吧！知识分子难道就应该受穷吗？就应该寂寞吗？那我可不要！在经济社会，不如忙着把自己脑子里这点学识，兑换成钱币来得更实惠。

不是说文人就应该穷，也不是说文人不可以知识文化换成金钱，只是这个职业本身需要沉静状态下，不受外界和名利之累，需要静心做事，否则做不好，最终也成就不了什么功名的。更不要说留名了。所以，此类行为是一种短视，也是对自己学问的不自信，所以，跳跳达达，上蹿下跳地，不能安分踏实。在当下，一个知识分子能耐得住寂寞，不随波逐流，显得更为可贵和必要。因为，这样一个时代，更需要真正潜心于学问和创作的人，否则，就不可能有对得起这个时代的伟大思想和作品。

所以，今天的一些知识分子写的所谓道德文章，实在很难说有流传的价值。南先生在谈到现代人的功名追求时，说："先不谈古人，就拿现在来说，几十年来，不知出版了多少著作，但其中能被我们放在书架上要保留它到二三十年的，又有几本？尤其现在流行的白话文章，看完了就丢，只有三分钟的寿命，因为它缺乏流传的可能。"

□聪明怪癖，正道不取

南怀瑾先生说：一个人有了学问，真有学问的又非常平常，非常平实、平淡。有了学问、钻了牛角尖、有一点才气、又聪明的人，一定古古怪怪的。这种人"后世有述焉"，后世在历史上，或者文学上、艺术上都有名，可是不是正道。这就是人格教育。孔子说："吾弗为之矣"，这个我决不干。此所谓为孔子。

在人们的印象中，一般的文人才子，或者是画家之类的艺术家，似乎总有些怪癖。他们的言行举止，总有些与常人不一样。由于他们的才华，人们也觉得倒还可爱。

南先生在说到文人的怪僻时，就讲了这样一个例子：

明朝的倪云林，特别爱干净，已经成了洁癖，而且爱干净爱得怪。他的花园里头、什么东西，绝不能碰的。也不大留朋友住的。

结果有一天，一个朋友终究跟他很要好，就留他过夜。夜里这个朋友睡到半夜，"咳！"咳嗽一声，这一下他听见了，自己就一夜都没有睡，不晓得这口痰吐在哪里！一早等朋友走了以后，他叫佣人从朋友的床上找起，找了所有的地方，这口痰吐在哪里也找不到。找到窗前——哎哟，很好的梅花开了，沿梅花的树叶子一个一个找，最后找不到，"老爷呀，这口痰找不到。""那把花园梅花所有树叶子都打下来算了!"把树叶都打光——不晓得这口痰吐在哪里,都有嫌疑(众笑)。切!倪云林怪都怪成这样。后来碰到一个非常有权位的人晓得他,请他画一幅画,他决不画;不然要杀他头,他就逃了,逃了以后,后来碰到明清之间天下大乱,结果给人家抓住了,抓住打,说:"你承认,你是不是倪云林?你只要承认你是倪云林,就放了你!"硬是一声也不吭,被打得半死。然后没有办法,看看又把他放了。别人问他:你怎么不叫一声呢?他说一叫就俗气了啦,就不高雅了啦(众笑)!这就是行怪!历史上这一类行怪的人你把他集中拢来呀,多得很。虽然,但是这一类人,你说……

三国时期的嵇康,为"竹林七贤"之一,能诗会文,通晓韵律,崇尚自由无为的自由生活,蔑视权贵,个人的生活方式也与常人大异,也是一个有着怪僻的文人。

> 嵇康不喜欢为官,平时以打铁为乐。大将军司马昭,想聘他为自己的掾吏,但嵇康不愿出仕,为了逃避司马昭,他躲避到了河东。
>
> 司隶校尉钟会,一直想结交嵇康。有一次,他轻衣肥乘,率众前往。嵇康与向秀正在树荫下锻铁,看到他来了,却视若无睹,不予理睬。
>
> 钟会于是只好等着,可等候了很久,也不见反应。无奈之下,钟会只好准备离开。
>
> 此时,嵇康却开口了,问:"何所闻而来,何所见而去?"
>
> 钟会回答:"闻所闻而来,见所见而去。"
>
> 两人从此结下仇隙。
>
> 景元二年,同为竹林七贤的山涛由大将军从事中郎迁任吏部侍郎,举荐嵇康代替自己的位置。嵇康因此写下了著名的《与山

巨源绝交书》以明自己的心志。

嵇康和东平的吕巽和吕安兄弟俩是朋友。吕安的妻子被其兄吕巽奸污，吕安原本准备休妻并起诉吕巽。吕巽请嵇康从中劝解，并发誓不会恶人先告状，于是嵇康劝说吕安将此事平息下来。

但事后，吕巽害怕吕安反悔，竟抢先告吕安不孝。嵇康义不负心，写信与吕巽绝交，并出面为吕安作证，因此也被收押。钟会劝司马昭乘此机会除掉嵇康。

嵇康的入狱，激起舆论的不满，许多豪杰纷纷要求与嵇康一同入狱。经有司劝谕后，众人一时遣散。但最后嵇康和吕安却还是被判处了死刑。行刑当日，三千名太学生集体请愿，请求赦免嵇康，并要求让嵇康来太学做老师。但最终司马昭还是判决其死刑。

临刑时，嵇康神色不变，如同平常一般。他看离行刑还有一段时间，便要来自己常弹的琴，居然在刑场上抚了一曲《广陵散》。然后，嵇康把琴放下，叹息道："昔袁孝尼尝从吾学《广陵散》，吾每靳固之，《广陵散》于今绝矣！"说完后，嵇康从容地赴死，时年三十九岁。

嵇康的为人行事，固然显示出知识分子的气节和骨气，但未免有些太清高孤傲，锋芒毕露，言行举止与常人格格不入，不注意别人的感觉，也不注意保护自己。所以，早早就被人置于死地。实在是才华有余，但修养和智慧不足。作为一个有才华和理想的知识分子，如果不是这样，也许会写出更多好文章，所以死得实在不值。

更有意思的是，一些所谓的文人或是艺术家，为了显示出自己的与众不同，故弄玄虚，穿衣打扮故意与常人不一样，言行举止故意表现出怪异，这实在是一种不自信的表现。

其实，一个真正有追求、有才华的人，随着生活阅历的增加，必然要懂得人情世故，不再恃才傲物，然后自觉地修养自己，不再锋芒毕露，学会注意别人的感受，学会自保。不是失去自己的原则和节操，也不是向现实妥协，而是学会做人做事，学会智慧处理与弹性把握。面对天地和有限的生命，他认识到人的渺小和能力的局限，所以学会敬畏，学会谦卑；他认识到世界和现实的不完美，他人与自己不可能没有隔膜，所以不必完美苛求他人，学会宽容。这样，在不断的生活中提升修养，才华和能力也得到涵养，不再盛气凌人，真正懂得人情世故，获得真正的成长成熟，学会做人做事，才生活得更有智慧。

所以，一个真正想做成点事的知识分子，纵有才华也不会表现在外面；纵使要保持个性和自由不羁，也不必一定表现在外面。如果这种表现让人看了不舒服，或者是伤到了别人，害了自己，给自己引来麻烦甚至祸患，这实在是有些不值得了。所以，真正的素质，是一个综合指数，而不是有些才华就了不得了。

老子、孔子和孟子那样的先哲，无论是才华还是学问，都远远高于一般人了吧？他们的成就也早已超过常人，但他们从不锋芒毕露，而是虚怀若谷。越是高人越明白自己的有所不能，所以更有敬畏心。这才是真正懂得人情世故，是真正的有学问。

对于上面那种怪异的行为，孔子是不会有的。因为他遵守天道和人道的正道，尊重正统思想，走的是正道，绝不走偏道邪路，所以能中正，中庸，端庄大气，正大光明，所以能成就非凡的事业，其学问思想能流播千秋万代。这里，就是一个人格和修养的问题，孔子是思想家，又是教育家，而且胸中的志向是国家天下，绝不会放纵自我个性，只追求个人感受，表现出那种与周围格格不入的怪异行为来。也因此，他重视个人和他人的人格教育和修养。

第三章　修养以安身

□勇于改过是真道德

南怀瑾先生说：人对于自己的过错，很容易发现。每个人自己做错了事，说错了话，自己晓得不晓得呢？绝对晓得，但是人类有个毛病，尤其不是真有修养的人，对这个毛病改不过来。这毛病就是明明知道自己错了，第二秒钟就找出很多理由来，支持自己的错误完全是对的，越想自己越没有错，尤其是事业稍有成就的人，这个毛病一犯，是毫无办法的。所以过错一经发现，就要勇于改过，才是真学问、真道德。

知错就改，这个道理，人们都明白，但是能够真正做到，确实不容易的。人都是自尊自恋的，看人看事都是站在自己的角度，有自己的看法，很少去顾及别人，而且总是自以为是，对自己要求的少，对别人期望和要求的多，真正能够做到设身处地，做到严以律己，待人以宽的人毕竟很少。

所以，人的自知之明很重要。一个有自知之明的人，就会自觉地反省反观自己，自觉修养自己，明白要正视现实，客观地看人看事，能够做到一分为二，辩证地看问题。同时，他认识到"人非圣贤"，人无完人，是人就会犯错，而犯错也是成长的一种必然途径。很多情况下，只有自己亲身经历了错误，才能认识到，才能有成长，做到不再犯。所以，对于自己，对于别人，都不必太苛求，给自己和别人犯错的机会——当然，这个错不是故意犯的，这样说只是明白而且正视到人的局限性和躲不过的一些错误。当然，能够不犯，做到"防患于未然"，是最好不过的了。毕竟，有几个是先知先觉啊。

由于有这个认识，对于错误，就会多几分自觉的把握。能不犯就不犯，所谓"做最好的准备，做最坏的打算"，就是这个道理。但是，一旦犯错，也要做到敢于承认错误，做到知错就改，善莫大焉，这样才能获得不断的成长进步。犯一次错误很正常，但重要的是改过。当然，有些错误难以改正，如果不妨大碍，再犯一次似乎也不为过，重要的是不要再有第三次，所谓"事不过三"，过了三，就难以改变，说明积恶已久，很难改正，后果将是严重的了。一个人犯些小错没关系，但重要的是少犯大错，不犯那些严重的，或者说难以弥补，给人遗憾的错误。

一般来说，那些取得成功的人，当然是聪明人。这个聪明也许主要不在于天资有多高，能力有多强，机会有多好，背景有多深，而往往在于他有自知之明，善于改过自己。

沈从文是我国现代著名作家。小时候，他很调皮，经常玩得忘了上学。他还特别喜欢看木偶戏，常常在上学或是下学的路上，偷空跑去看戏，每每看得入了迷，经常迟到，耽误了读书。

一天上午，沈从文又从课堂里溜了出来。一个人跑到村子外头去看戏了。

那天的木偶戏演的是《孙悟空过火焰山》。沈从文看得十分投入，不时捧腹大笑。早把上学的事忘掉爪哇国里去了。

直到太阳落山，戏也演完了，他才想起这是上课时间呢，就赶紧匆匆忙忙回到学校。可是，此时早已下课，同学们都已放学回家了。

第二天，沈从文刚进校门，老师就严厉地责问他："你怎么回事，为什么又旷课了呢？"。沈从文因为做错了事，羞红着脸，支支吾吾地答不上来。

老师很生气，罚他跪在树下，并大声训斥道："你看，这楠木树天天往上长，而你却偏偏不思上进，甘愿做一个没出息的矮子！"

到了第二天，老师又把他叫去，对他说："大家都在用功读书，你却偷偷跑去看戏。昨天我虽然羞辱了你，可我也是为了你好。一个人只有尊重自己，才能得到别人的尊重。"

老师的一番话，深深地打动了沈从文细小的心灵，他默默地流下了眼泪。这次教训，也让沈从文认识到自己的错误，不能再一错再错下去，不能再让老师操心，让人鄙视。而过不受尊重的生活，是他不能接受的——他虽贪玩，可却是一个自尊心很强的孩子，脑子里也很懂是非对错。从此，他再也没有跑去看戏，而是专心学习了……

从此，他暗暗发誓：一定要记住这次教训，做一个受尊重的人。此后，他一直这样要求自己，不断自尊、自立、自强着，终于一步步获得成长，最终成为一个举世闻名的文学家。他做作家和做学者，都做得很成功，让人称赞感叹。而他真诚生活，有错就改，自尊独立，独立不倚的生活姿态，更让他获得了世人的尊重，真正做到了如人们给他评价的那样"星斗其文，赤子其人"。

□见义勇为是大勇

南怀瑾先生说：历史上许多人是见义不为，对许多事情，明明知道应该做，多半推说没有办法而不敢做。我们做人也是这样，"看得破，忍不过。想得到，做不来"。譬如抽香烟，明明知道这个嗜好的一切害处，是不应该抽，这是"看得破"，但口袋里总是放一包烟——"忍不过"。对于许多事，理论上认为都对，做起来就认为体力不行了，这就是"想得到，做不来"。对个人的前途这样，对天下事也是这样。这是一个重要问题，所以为政就是一种牺牲，要智、仁、勇齐备，看到该做的就去做，打算把这条命付出去了。尽忠义，要见义勇为。所以把这句话加在《为政》篇的最后，这是为政的基本精神——要有见义而为的大勇；要有人溺己溺人，饥己饥人的胸怀。

什么才是性格中真正的勇气？孟子说"舍生取义"，说的不仅是一种精神气节，更有一种大勇。这种大勇不以个人的安危而退缩。这就是性格中真正的勇气。而不是你说乘一时之气，硬上冲横，争一时之意气。平常我们所说的见义勇为，就是一种不顾个人安危，而以道义至上的行为，这种行为也是一种真正的勇敢。人心中都有道义之心，只是程度不同而已，只是是否有勇气去做到而已。

战国时代，赵国的蔺相如，应该说就是一个具有大勇，而且有大智的人。

当时，赵国大将廉颇，率兵攻打齐国，打败齐军，攻占了阳晋，因战功显著，被封为上卿，其勇猛善战闻名于世。

蔺相如是赵国人。他是赵国宦官头目缪贤的门客。赵惠文王时，赵国得到了楚国的和氏璧。秦昭王知道后，派人送信说，想用十五座城邑来换取和氏璧。赵王一时不知如何是好，就与大将军廉颇以及各位大臣商议：一怕被骗，白白送了璧，也得不到城池；但如果不给，又怕秦国出兵攻打赵国。拿不定主意，又找不到可派去回复秦国的人。

缪贤说："我的门客蔺相如可以出使。"

赵王问："何以见得他就能不辱使命呢？"

缪贤回答说："我曾经犯过罪，曾想私逃亡到燕国去。蔺相如阻止我说：'您凭什么知道燕王会收容您呢？'我告诉他，我在随大王在边境与燕王相会，当时他私下里握着我的手说'愿意和你交个朋友'，以此我觉得可以过去。蔺相如对我说：'如今赵国强，燕国弱，您又受赵王宠幸，所以燕王想要和您结交。现在您要从赵国逃奔到燕国，燕王害怕赵国，此种情况下，燕王定不敢收留您，反而还会把您捆绑起来送回赵国。您不如赤身伏在锧质上请罪，这样也许侥幸能够免罪。'臣听从了他的意见，大王也开恩赦免了我。所以，我认为蔺相如是个勇士，有智谋，应该是可以出使的。"

于是，赵王召见蔺相如，问他："秦王要用十五座城换我的和氏璧，能不能给他？"蔺相如说："秦国强，赵国弱，不能不答应他。"

赵王说："得了我的璧，不给我城邑，怎么办？"

相如说:"秦王请求用城换璧,而赵国(如果)不答应,赵国理亏;赵国给了璧,而秦国不给赵国城邑的话,那就是秦国理亏。比较这两个计策,宁可答应给秦国璧,使它承担理亏的责任。"

赵王问:"那派谁去呢?"

相如说:"如果实在无人,臣愿捧护和氏璧出使秦国。城邑归属赵国了,就把璧留给秦国;城邑不给赵国,请让我把璧完好无缺地带回赵国。"赵王于是就派蔺相如入秦。

秦王坐在章台宫,接见了相如。蔺相如捧着璧,献给秦王。秦王非常高兴,把璧传给妃嫔及左右侍从看,群臣高呼"万岁"。

但是,相如看出了秦王没有要把城邑给赵国的意思,就走上前说:"璧上有点毛病,请让我指给大王看。"秦王把璧交给相如。

相如于是手持着璧,退后几步站住,背靠着柱子,怒发冲冠,对秦王说:"大王想要得到和氏璧,派人送信给赵王,赵王召集所有大臣商议,大家都说:'秦国贪婪,倚仗它强大,想用空话得到和氏璧,给我们的城邑恐怕得不到。'打算不将和氏璧给秦国。我认为平民之间的交往尚且不相互欺骗,何况是大国之间的交往呢!况且为了一块璧的缘故惹得强大的秦国不高兴,也是不应该的。于是赵王斋戒了五天,派我捧璧,在朝廷上将国书交给我。为什么要这样呢?是尊重大国的威望而修饰礼仪表示敬意呀。现在我来到秦国,大王却在一般的宫殿接见我,礼节十分傲慢;得到璧后又将它传给妃嫔们看,以此来戏弄我。我看大王无意补偿给赵国十五座城邑,所以又把璧取回来。大王如果一定要逼迫我,我的头现在就与和氏璧一起撞碎在柱子上!"

蔺相如手持璧玉,斜视着柱子,说着,就要向柱子上撞去。秦王怕他真把璧撞碎,就婉言道歉,请求他不要以璧击柱,并召来官吏察看地图,指明要把十五座城划归赵国。

相如估计秦王只不过以欺诈的手段假装给赵国城邑，实际上赵国是不可能得到这些城邑的，他就对秦王说："和氏璧是天下公认的宝物，赵王敬畏大王，不敢不献出来。赵王送璧之前，斋戒了五天。现在大王也应斋戒五天，在朝堂上安设'九宾'的礼节，我才敢献上和氏璧。"秦王估量此事，终究不能强夺，就答应斋戒五天，把相如妥善安置下来。

相如估计秦王虽然答应斋戒，也必定违背信约，不给赵国城邑，就派他的随从穿着粗麻布衣服，怀揣和氏璧，从小路逃走，把璧送回赵国。

秦王斋戒五天后，就在朝廷上设了"九宾"的礼仪，延请赵国使者蔺相如。相如来到后，对秦王说："秦国自从穆公以来的二十多位君主，不曾有一个是坚守约定的。我实在是怕被大王不守诺言，所以派人带着璧回去，抄小路已经到达赵国了。大王不必担心这个，秦国强大，赵国弱小，大王派一个使臣到赵国，赵国会立刻捧着璧送来。现在凭借秦国的强大，先割十五座城给赵国，赵国怎么敢留下和氏璧而得罪大王呢？我知道欺骗大王的罪过应该处死，我请求受汤镬之刑。希望大王定夺。"

秦王和群臣面面相觑，只有无奈。有侍从要把相如拉去处置。秦王说："现在杀了蔺相如，终究还是得不到和氏璧，反而断绝了秦、赵两国的友好关系。不如趁此好好款待他，让他回赵国去。赵王难道会为了一块璧的缘故而欺骗秦国吗？"终是奉蔺相如为上宾，并放他回赵国去了。

相如不辱使命，获得赵王的赞赏和信任，任他为上大夫。

秦国没有把城邑给赵国，赵国也始终没有把璧给秦国。

事后，秦军果然依势攻打赵国，攻下了石城。次年再次入攻，赵国两万人被杀。秦王派人在渑池相会，想与赵国修好。

但赵王害怕秦国，不敢去。廉颇、蔺相如都劝道："大王如果不去，就明显表示怕他了。"赵王于是前往，相如随行。

廉颇送到边境，和赵王辞别说："大王此去，可能来回要一个月的时间，如果超过一个月，请允许我立太子为王，以便断绝秦国的念头。"赵王同意，就和秦王在渑池会见。

宴席中，秦王趁着酒兴说："我听说赵王喜好音乐，请赵王弹弹瑟吧！"赵王就弹起瑟来。秦国的史官走上前来写道："某年某月某日，秦王与赵王会盟饮酒，让赵王弹瑟。"蔺相如走向前去说："赵王听说秦王善于奏乐，请允许我献盆缶给秦王，借此互相娱乐吧！"秦王听此言，十分不悦，不肯答应。

相如就走向前，递上瓦缶，趁势跪下，请求秦王敲击演奏。秦王还是不肯击缶。相如说："五步之内，我要把自己脖颈的血溅到大王身上！"

说时迟那时快，秦王的侍从要杀相如，相如瞪起眼睛，呵斥："退下！"他们都退却了。

秦王只好为赵王敲了一下瓦缶。相如回头召赵国史官写道："某年某月某日，秦王为赵王击缶。"秦国的众臣说："请赵王用赵国的十五座城给秦王献礼。"蔺相如也说："请把秦国的都城咸阳送给赵王献礼。"

就这样，双方一着着地交锋，直到酒宴结束，秦王始终未能占赵国的上风。

从这件事情上，我们看到蔺相如的大智大勇。能够在危难时刻挺身而出，力挽危局，不失骨气，并占领上风，这确实需要超常的胆魄的。

□什么是真正的俭朴

或曰:"管仲俭乎?"子曰:"管氏有三归,官事不摄,焉得俭!"

南怀瑾在解释这句话时说:从个人来说,以管仲有三归之堂,可以说他在经济生活上非常浪费。三归堂是建筑物的名称,就是说他的宰相府,还是相当讲究漂亮的,可见他还不够俭朴。我们可以在历史上看到汉文帝的俭朴、节省,是皇帝中有名的,一件袍子,穿了一二十年还补起来穿。后来景帝、武帝时代的经济繁荣,就是他打下的基础,因为他本身就非常俭朴。所以管仲的生活,诚如孔子说的并不俭朴。另外在公事上,孔子又说他"官事不摄"。在公家的政治制度上,又不能做到扼要统筹。只知因人设官,重重叠叠设置了太多的部门,其实可简化而他没有简化,这是在行政上的不俭,那他怎么算得"俭"呢?从这一点可以看到,要真正处理好公事,制度与编制的紧缩很重要,法令也不可烦琐,这是孔子对管仲两方面的批评,也是我们后人应该警惕的地方。

所谓"温、良、恭、俭、让",其中的"俭",是中华民族的传统美德,历朝历代,都以节俭为荣。俭,不仅是要懂得物力维艰,当知一食一饭来之不易,如古诗中所说"谁知盘中餐,粒粒皆辛苦",而且,

"俭"，更指为人的朴素，作风的简约干练，不拖泥带水。看历史，任何一个朝代在开始时，君主们明白创业之艰难，力行节俭之风，上自帝王，以身作则，下至百姓，齐心协力，共同为一个朝代的繁荣打下坚实的物质基础，并形成一种良好的社会风气。古代有"文景之治"，有"贞观之治"，后有"康乾盛世"，直到现代，中华人民共和国的成立之初，都曾有过节俭建国的一个时代。今天的我们，回顾起来，在学习借鉴的同时，也会感受到今天幸福生活的来之不易，因而更加懂得珍惜。

新中国成立之初，以毛泽东和周恩来为首的中央领导同志，在个人生活上是十分节俭的。他们的生活，也许是今天生活在物质昌盛中的人们所难以想象的。

1964年，为了让毛主席能有个休息的地方，中央机关背着他在京西玉泉山盖了一栋小楼，为使他周末来这里休息。

毛主席知道后，很不高兴，对工作人员说："历鉴前贤国与家，成由勤俭败由奢。我反对奢侈腐化，以权谋私，谋求制度和政策以外的特殊待遇。因为干部政治和生活搞特殊化，不仅是为政不廉的表现，也是一种腐化现象。"

工作人员们说："房子已经盖好了，您还是去住吧。"毛主席又说："要我去住可以，一是盖房子的建设经费要从我的稿费中出，二是必须先让警卫战士去住。"无奈，这栋小楼就成了警卫战士们轮流住的地方。

毛主席一向艰苦朴素，平时的饮食也异常简单，主食是普通大米和小米做成的二米饭，副食每餐不过三四个小碟，偶尔有点鱼或肉，但量都不大。尤其在三年困难时期，毛主席更是放弃了他最爱吃的红烧肉，带头不再吃肉，餐饮从简，决心与百姓一同渡过难关。

有一次开完会，他没吃饭，就去游泳池游泳了。服务人员送去两块夹着香肠的面包给他，他接过来一看有香肠，就放在一边不吃了。卫士只好让服务员把香肠拿走，主席这才把面包吃了。平时，主席睡的就是普通的木板床，床上铺一层棉褥子，再铺一层毛巾被或者床单。他的床单、睡衣和毛巾被，都是用了补，补了用，从不轻易丢弃。有一双旧皮鞋的故事，至今给人印象深刻。

五十年代末，有一天，毛主席的卫士拿着一双旧皮鞋，叫毛主席身边警卫中队的一名战士出去修。

战士接过皮鞋一看，那是一双棕色的旧皮鞋，虽然擦过油，但鞋面上起了不少皱纹，每只都裂了一条一寸长的口子，鞋底也磨薄了。战士看罢心中不忍，心想我们党和国家的领袖，这样的鞋还再修了穿，叫人怎能不心疼，无奈卫士一再叮嘱："主席急着穿，一定要抓紧修。"

这位战士下了哨，立即提着这双鞋到西单的修鞋铺去修。修鞋师傅看了这双皮鞋直摇头，半开玩笑地数落道："小伙子，攒钱娶媳妇哪！这样的鞋哪能修？"战士不能说这鞋是谁的，于是又去了几家修鞋铺，好说歹说都修不了。无奈，战士就坐在修鞋铺里看师傅修鞋，并不时询问。修鞋师傅被感动了，就不时地指点他。最后，战士又去买了修鞋工具和材料，回部队自己修。战士费了九牛二虎之力终于把鞋修好了，不好意思地把鞋交给了卫士，并简要汇报了修鞋经过。

第二天，卫士告诉这位战士，毛主席挺满意。晚上，毛主席在院散步，路过战士哨位时，正穿着这双棕色皮鞋。这位战士看了又高兴又崇敬，高兴的是自己为领袖修好了鞋，崇敬的是领袖的艰苦朴素作风。当时卫士告诉主席，就是这位战士自己学着修的鞋。主席转过身来，走向战士，拍拍战士的肩膀微笑着说："修得不错，谢谢你。"

周恩来总理的艰苦朴素在中南海里，也是尽人皆知的。

1960年前后的困难时期，他和毛主席一样，带头不吃肉。平时吃饭，常常是吃窝窝头喝玉米面粥，加几样小菜。那时候，他身边的警卫中队每次吃玉米饼子，都送去几个给总理和邓大姐。他很高兴，风趣地说："人多吃点五谷杂粮有好处，大锅饭香。"

警卫战士业余时间在空地上种起黄瓜、豆角、茄子、土豆、木耳菜，每次都送一些给总理。总理每次都嘱咐厨房记账付钱。战士们说："菜是我们利用空余时间在空闲地上自己种的，能让您和邓大姐吃上我们高兴，怎么能收您的钱呢？"总理严肃地说："毛主席为我们制订了'三大纪律八项注意'，我们是人民的勤务员，吃菜付钱理所当然嘛。"

总理的衣着历来朴素无华，他的毛衣是护士给织的。毛衣和衬衣的领口、袖口破了，就修补后再穿。仅有的那套整洁的中山装，只有在外事活动时他才穿上。

1972年，周总理到浙江省杭州视察，中午在西湖"天外天"餐厅就餐。餐后，他特别嘱咐随行工作人员按规定给餐厅交足粮票和钱。餐厅经理再三不肯收，他知道后就指示工作人员一定要交，并严肃地说："我们要做表率，不能搞特殊化，占群众的便宜。"经过工作人员反复劝说，餐厅经理才把钱和粮票收下了。

还有一次，周总理到辽宁省大连市视察返回北京，工作人员发现当地领导随同专机带了些土特产给周总理。总理知道后当即指出："我们不能搞特殊化，礼品要坚决退回去！"

工作人员按照总理的指示，当即把礼品如数退了回去。

这就是共和国的第一代领导人们，那可是真正以人民公仆的标准来做的，在生活和为人上，都保持着节俭之风，为后人所景仰。

□轻诺则寡信

子曰:"古者言之不出,耻躬之不逮也。"

南怀瑾先生解释说:这是讲到用仁之重要。孔子说古代的人不肯乱讲话,更不说空话,为什么不随便说话呢?因为怕自己的行为做不到。所以行仁的人,有信义的人,往往不轻易答应,不轻易发言。我们历史上有句话——"重然诺",这就是说不肯轻易的答应一句话,答应了一定要做得到。我们又在历史上看到"轻诺则寡信"的相反词,这是说随便答应一件事的人,往往不能兑现守信,所以孔子指出这个道理。

老子说:"夫轻诺必寡信,多易必多难,是以圣人犹难之,故终无难。"一个人动辄随便说话,必然是没有经过深思熟虑的,因为没有心理准备,他不重视,事后也不会当一回事儿,所以,轻诺寡信就产生了。在他自己,也许不以为意,甚至有不少人养成了习惯,开始可能不会影响他什么,但时间长了,此举所引起的后果就出来了。是什么呢?没有人再听信他,他失去了人们的信任。所谓"人而无信,不知其可",一个人没了信用,那他也就完啦,什么事也难做成。就算努力也难成,因为没有人信任，不可能有人真诚帮助他。

所以，信任是一个人做人的根基，十分重要。儒家所说的"仁义礼智信"，其中的"信"，就是交人要交于信义的意思，话不能随便说，出口要三思，要言行检点，这绝非儿戏。所谓"言必行，行必果"，这才是君子所为。

语言并不能做到完全表达人心中的意思，真正的自圆其说其实很难，所谓"书不尽言，言不尽意"就是这个道理。但是，毕竟"言为心声"，多少能表达心中所想，能反映一个人的心志、性格和情绪。而所有这一切，都处在变化中，所以，语言同样有规范的必要，这个规范不只是形式上的，更有心理上的，就是指不能胡言乱语。虽然滔滔不绝也许不能代表什么，但语无伦次和吞吞吐吐毕竟不能给人信任。这就是说，口若悬河，出口成章，也许不见得合适，有时沉默寡言也许更见明智聪明；语无伦次和吞吞吐吐也许不能让人信任，但也许另有隐情。

所以，语言的运用需要心智上的理性把握，如果你轻易然诺，而自己做不到，那么就坏了，所谓祸从口出，麻烦来了，信任也丢了。所以，说话上的分寸把握，也说明一个人不能随便说话，不随便然诺的道理，否则会影响自己的信誉和名声。

如果是为了面子问题，随便答应人家，结果做不到，那更是丢人。现实中，我们常有这种经历：某些人平时与你十分热情，说得也十分好听，但真要与他合作，或者让他做点事情时，他就不行了；而有些人，平时不大说话，看似与你关系平常，但如果真有事求他时，也许他很痛快地答应并做到。孔子所谓"巧言令色"，就是说，越是爱做表面文章的人，可能是"金玉其外，败絮其中"，华而不实的人。与小孩子一样，人们常说"嘴上没毛，办事不牢"，同样不能让人放心信任。你想啊，他轻易就说了，没过脑子，说明太不冷静，思维也不周密，这样的人，纵使有心，办起事来也难认真可靠。

历史上有一诺千金的故事。说的是一个叫季布的官员。在楚汉相争时，他的基本立场是站在项羽一边，他多次明帮暗助，使项羽得过胜利，陷刘邦于困境。

在刘邦最后夺取天下，击败了楚霸王项寸后，曾想杀死季布。在夏侯婴的极力劝说之下，刘邦才做到了宽容大度，要利用季布的才能为汉朝效力，于是封官留用。

季布有个同乡，叫曹邱生，能言善辩却爱巴结权贵，季布很看不起他。

有一次，曹邱生来看望季布，说道："楚地到处流传着关于你的流言，大家都说'得到黄金千两，不如得到季布一诺'，你一句承诺这么厉害，我要向全国广做宣传啊！"

季布见他挺真诚，就以礼相待，视为上宾。后人根据"得到黄金千两，不如得到季布一诺"压缩成"一诺千金"，这个成语自此流传开了。

"一诺千金"，体现了贤人君子的高风亮节，人无虚言才赢得信用，足见诺言的重要。

当下社会，经济至上，唯利是图的多，虽诚信天天讲，但诚信危机出现；通讯发达，联系日益便捷，但心与心之间的距离却拉大，真诚成为一种奢侈的向往。"忽悠"成了全民最害怕但又最常用的一个东西，成为一种社会现象，值得人深思。人与人之间失去了信任，都成了利益关系，合作关系，那么人与人之间的真情就会受到轻易地践踏，人心中的温暖神经日益被紧锁起来，人间温情变得越来越罕见，即使是一个家庭中，也会为了一套房子的纷争而血亲失和，骨肉相残杀，实在都是利益惹的祸。也不知从什么时候开始，信任危机出现，人情冷漠至此。

事实上，古今中外但凡杰出成就的伟人们，无不具有"赤子"之心。什么是赤子之心？就是至诚之心。这是他们最大的天性，也是他们坚持一生的为人处世原则。因为追求的真诚，志怀高远，不想苟且而活，就必然要真诚而认真地活,真诚地面对自己,不自欺;也真诚对人对事,不欺人。相反,往往表现出他们与生俱来的可爱和童真,让人感觉到的至诚,总能以此感召周围人,甘心帮助他,为他效力。

"精诚所至,金石为开",没有什么比真诚更能打动一个人的心。这个真理伟人们无不明白,所以不随流俗之风的左右,坚持奉行,并视之为行事为人之重要策略。最终因不计小失,不患得患失,因真诚而成就大事。所以,根本来说,真诚绝对是一种强大的力量,也是一种可利用的智慧,只有聪明人善为之。

□独立不倚的操守

南怀瑾先生说：在现实的人生社会里，必须在逆境中操练出自己独立不倚的操守和性格，才能挺拔在"位高金多"的俗世之中，并因而有一番作为和成就。

中国历来的知识分子，十分注意人格和精神的独立不倚。为了维护自我尊严和人格的独立，不食嗟来之食，可以"安贫乐道"；坚守自己的节操和道义，为此可以"舍生取义"。孟子所说的"大丈夫"精神，其实就是知识分子的气节和操守。

《碧岩录》中有个"不为俗人拭涕"的故事。懒瓒和尚长年隐居在衡山的一座石窟里。唐德宗慕其高名，派使者召他入京。

使者行至石窟，口中念道："圣旨到，和尚请起立，谢恩接旨。"

懒瓒和尚正扒开火堆找烤山芋充饥呢，哪顾得什么王法、圣旨。

天寒洞湿，鼻涕清水流到了和尚下颚上。一本正经地宣读圣旨的钦差看到和尚的这样子，忍不住笑着对和尚说："尊师，请先揩一下清水吧。"

和尚答道："我哪有工夫替俗人拭鼻涕呢！"说完又一言不发，端坐在地上不起来。

使者回到宫中禀告了皇帝，德宗也大为感动。

孟子说："古代的贤明君子，为什么却不是这样呢？是因为他们尊崇心中的大道，而忘记人的尊贵的。所以，王公对贤明君子，如果不致以尊敬之礼，就不能见到他；见都不容易，更何况是叫他来当臣子呢？"

这就是说君主当以道德重视君子，君子当以道德自重。

可见，孟子提倡为人要守正道，而鄙视并拒绝纵横之术等偏邪之道，而且，更重要的是要维护作为士（即知识分子）的尊严和人格、气节和操守。守正道，守正气，不苟且，不贪慕虚荣，不惧权贵，遗世独立，坚守道义。古代尹伊不食嗟来之食，后有陶渊明不为五斗米折腰，等等，都是士人坚守气节和操守的表现。

所谓"达则兼济天下，穷则独善其身"，如果不遇，则"潜居抱道，以待其时"，独善其身，也不会消极怠惰，虚度光阴；一旦有遇，则施展才能，创造属于自己的成功，造福于民。但是，士人绝不会为了得到名利或地位而降格以求，委屈自己，向现实和权贵妥协，失去自己的气节，失去自我。

从前，战国的游说之士，大多愿意屈身拜见诸侯，以寻求个人发展。而孟子坚守道德，以个人气节和操守为重，于是就不免显得寂寞清苦。

孟子的学生陈代对老师的行为表示不解，于是问道："君子坚守进退之礼义，固然应以保全名节为本，但施展平生抱负，及时济世，也是君子毕生的追求。现在先生不去拜见诸侯，作为保全个人名节，是当然的，但如果拘泥于此小节，则是不必要的。现在先生如果去见诸侯们，就可行道济世，大则拨乱反正，安邦定国；小则可以诚信往来，互利修好，成就霸王事业，功成名就，只在一眨眼的工夫。先生却不能为此稍微委屈一下自己，有所放弃吗？而且，《志书》上说：'丢掉一尺，得到一丈。'就是说，失去小的，得到大的，不去因小失大。现在先生如果去见诸侯，成就王道和霸王之业，舍小得大，这样应该是可取的。"

孟子回答说："我不是不想施展抱负，济世为民，但如果考虑到节义，去就是不妥当的了。从前，齐景公在外打猎，当时应有虞人来为他做些事情。于是齐景公派人用旌旗来召见他。当时君王，如果要见臣子，都要持有一件信物，以为凭证。召见虞人，应该用皮草帽子，但齐景公用的是旗帜，不合虞人的原则操守，所以遭到拒绝。齐景公为此大怒，几乎要杀人。孔子赞美虞人说：'有志节之人，本来就甘守清贫寂寞，即便死于沟壑，也不忘保全自己的志节；有勇气的人，本来就甘心舍生取义，即便为此捐躯，丢掉脑袋性命，也要保全自己的义气。这就是虞人的可贵之处啊。'孔子为什么单拿虞人来赞美？就是赞赏他的'召见我却不用合适的东西，那我宁死不去'的精神。现在，如果我不等诸侯来召见我，我自己就去了，那我的志气就不如虞人啊！这算什么呢？所以，君子的出处进退，要有所坚持和操守，绝不能苟且屈节，岂是成就霸王之业就可打动他的心呢？而且，《志书》上说的'失尺得丈'，主张失小得大，这是从利益的角度谈的。如果目的为了利益，那么就可以蝇营狗苟，无所不为。即便是名节败坏，甚至失丈得尺，失大得小，认为只要有利益可得，就不会顾惜什么，无所不能做了。这是做人之大节不能允许的。你相信吗？君子的进退取舍，是衡量节义的屈与伸，而从不去考虑利益的多与少的。"

所谓君子，以修养自我，独立不倚为重。
春秋的曾参，生活穷苦。鲁国君主听说了，便派人送他钱财，对他说:"请添些衣服吧!"曾参再三推辞。来人说,"并非你去求他人,是他人要送给你,为什么不受呢?"

曾子说:"我听说,受人者畏人,予人者骄人。即使他对我赐而不骄,我能受而无畏。始终不肯接受。

孔子听说此事后,赞道:"曾参之言,足以全其节。"

这不是故作清高,而是保全自己的名节为重。所谓"无功不受禄","君子生财有道",君子是绝不轻易收受人礼物,更不取不义之财的。他不想为此所累,被人左右,失去自由,失去自我。

列子生活贫困,面有土色。

有人对郑国的上卿子阳说:"列御寇,乃有道之人,在你的国家却是如此贫困,你是不喜欢贤人吗?"子阳立即派人送给列子米粟。

列子见到派来的官吏,再三辞谢不接。列子的妻子埋怨说:"据说有道之人,妻子们都能够享尽逸乐,可我们却成天忍饥挨饿。郑相子阳瞧得起先生,才送先生食物,可是先生却拒不接受,这难道不是命里注定要忍饥挨饿吗!"

列子笑着安慰道:"郑相子阳并不真正了解我。他是听人说了,才赠与我米粟,据此可知,他很可能因为别人的话而加罪于我,这就是我不愿接受他赠与的原因。"

君子有所不受,因为独立不倚的人格,更因为有自己明达智慧的处世原则。

□古代儒生的"死守善道"

南怀瑾先生说：大学之道的"诚意、正心、修身、齐家、治国"的教育，关系的重点在哪里？同时也看出古代知识分子的儒生，那种"择善固执"，"死守善道"的精神。

子曰："笃信好学，守死善道。危邦不入，乱邦不居，天下有道则见，无道则隐。邦有道，贫且贱焉，耻也；邦无道，富且贵焉，耻也。"

笃信：忠实地信仰。指对道德和事业抱有坚定的信心，勤学好问。

学生除了要具有"忠"、"信"的品德外，孔子还要求学生要忠实于自己的信仰，对道德和学问抱有坚定的信心，坚定坚守，一旦认定，始终如一，至死不渝。这就是有志于道，并"死守善道"。所谓"三军可夺帅，匹夫不可夺志也"。

死守善道，首先表现于坚守道义精神，不倚不求。

孔子见齐景公，齐景公要把廪丘送给孔子，以作为他的养生之资。但是，孔子推辞了，没有接受。

他的学生表示不解。孔子解释说："君子应当先立功，后受禄。我今天给齐景公提了很多建议，他都不采纳，却要把廪丘送给我，他太不了解我了。"于是，孔子驾车离开了齐国。他要找的是一个真正懂得自己，能够彼此推动的人。既能施展彼此的抱负，又能让彼此心里舒服。在这里，孔子找不到，所以，又踏上了漫漫人生探索路。

为了心中的志节，君子不为权贵所左右。

孔子问颜回："回呀，你如此贫穷，住得简陋，为什么不去做官呢？"

颜回说："城外有块土地，可以供我吃饭喝粥；城内有块土地，可以供我穿衣；家里有一张琴，可以用来自娱，老师您教的大道，足以给我无上乐趣，所以我不愿去当官。"

对于君子而言，如果物质的富有以丧失精神上的快乐为代价，那么宁可不要，不慕富足，安贫乐道。这就是颜回的坚节，贫也不忘守道，不改其志，并以此为乐，乐在其中，其乐无穷，这就是死守善道。

孔子让他的学生漆雕开入仕，但漆雕开却说："吾斯之未能信。"孔子听了十分欣慰。

漆雕开小孔子十一岁，漆雕是姓，名开，字子若，是研究历史的。有一天，孔子对漆雕开说："你的学养已经可以为社会服务了，出去做官吧。"

可是漆雕开却说："老师，谢谢了！对这件事，我没有自信。"

孔子认为他的学生可以入仕了，但学生还是保持谦虚，认为自己的学识和修养还不够。就这样去做官，做不出什么业绩来，还不如不去呢。可见他的认真和严谨。

这里，不只是谦虚，更有一层深意是：我做学问和做人的积累不行，修养还不够，做不好人，就没有信心去做事，也做不好事。先做人，后做事。做好人好事，这就是死守善道。孔子的欣慰就在于他十分欣赏学生的认真态度，以人格为重，没有辜负自己的期望。

而入仕的知识分子，为了守节守道，同样可以"死守善道"。以做到既能鞠躬尽瘁，毫无尊严地把自己"货与帝王家"，但同时不失知识分子的独立尊严和人格。

南先生在谈到儒生的"死守善道"时，讲了秦始皇时期的一个例子：

由于生母与吕不韦的不正当关系，秦始皇心中十分愤懑。当他登基后，就把生母（太后）赶出宫廷，到边远的小城生活，并且下令：如果有人对此事敢有异议，那就一律处以死刑。

可见，他是下定了决心的。即使在这种威严中，那些死守孝道的儒生们，还是一个接一下地来劝谏了。但结果是，都被秦始皇杀掉了，前后有二十七个人之多。人们也据此说他是暴君。

已经杀了这么多，应该没有了吧。但正在此时，居然又来了一个齐国儒生，叫茅焦的，要求面见皇帝进谏。

秦始皇一听，又有一个不怕死的来了，气得暴跳如雷地大叫着："快拿大锅来，要活活地烹了这个家伙！"

茅焦看了现场一眼，慢慢地一步一步地走到秦始皇的前面，说："臣闻有生者不讳死，有国者不讳亡。死生存亡，圣主所欲急闻也。陛下欲闻之乎？"

秦始皇听了，说："你还有什么话要说？"

茅焦说："陛下有狂悖之行，不自知耶？车裂假父（指嫪毐），囊扑二北（指其母与嫪毐所生的两个儿子），迁母开雍，残戮谏士，桀纣之行，不至于是矣。令天下闻之，尽瓦解无向秦者，臣窃为陛下危之。我该说的，都说完了。"说着就解开衣服，去伏在砍头的木桩上去。等于说："你来杀吧！"

谁知道这个时候，年轻的秦始皇，反而一反常态，变了主意了——他走下宝座来，承认自己错了，并且亲自扶起茅焦来，封他为"上卿"。

随后，马上下令车队出发，他亲自驾车，空出左边的上位，去迎接母亲回宫，照旧和以前那样亲爱，好像什么事情都没发生一样。

由此可看，茅焦的凛然无畏，大胆忠谏，这就是"死守善道"，维护忠臣忠君但更忠诚于道义的原则，也可看出秦始皇虽然心理有些变态，但终还算是知错就改，不失王者风范。

□难得糊涂是境界

南怀瑾先生说：清朝名士郑板桥，说过几句很了不起的话："聪明难，糊涂亦难，由聪明而转入糊涂更难。放一着，退一步，当下心安，非图后来福报也。"绝顶聪明的人，不是故意装糊涂，而是把自己性格中聪明的锋芒收敛起来，而转进糊涂，这就更难了。下一句话说待人接物，遇事退一步，把利益权位都让给人家，心里很舒服，并不希望人家事后报答，只要当时心里舒服就好。

这是一种为人处世的境界，也是一种最大的个人修养。古代的有道之人，在不遇时，就"潜居抱道，以待其时"，如潜龙伏渊，韬光养晦，不显山露水；一旦有机可乘，才施展身手，建功立业，显身扬名。而当他功成名就之后，又明白功高震主，懂得示弱守拙之道，有识之士往往选择急流勇退，以明哲保身，保全名节。无论穷通，都不会张扬凌厉。明白中道中庸为人处事。

据说，"难得糊涂"是在山东莱州的云峰山写的。有一年，郑板桥到这里观看古代书法，看这里风景秀丽，一时流连忘返。

天黑了，不得已，借宿于一所山间茅屋。这家农舍的主人，为一儒雅老翁，自命"糊涂老人"，而且出语不俗。他的室中陈列了一块方桌般大小的砚台，石质细腻，镂刻精良，郑板桥十分叹赏。

老人请郑板桥题字，以便刻在砚背上。板桥认为老人必有来历，便题写了"难得糊涂"四字，用了"康熙秀才雍正举人乾隆进士"的方印。

因砚台上还有许多空白，板桥让老先生写一段跋语。老人便写了"得美石难，得顽石尤难，由美石而转入顽石更难。美于中，顽于外，藏野人之庐，不入宝贵之门也"。他用了一块方印，印上的字是"院试第一，乡试第二，殿试第三。"

板桥一看，大惊。方知老人是一位隐退的官员。有感于糊涂老人的命名，见砚背上还有空隙，他便也补写了一段话："聪明难，糊涂难，由聪明而转入糊涂更难。放一着，退一步，当下心安，非图后来报也。"

老人为什么自命"糊涂老人"？当然是对于官场和人世的风云已经看遍，有所悟而感发命名的。他以糊涂自命，也以糊涂自修。此情此景，让大才子郑板桥深有感悟，于是，灵感所至，写出千古名言。

只有经过生活的阅历，经过人世的风雨，对人情世故有所体验和感悟，方知人生之艰，为人之难。而要想完成一个人，做一个好人，则更是难上加难。面对世间的纷繁万象，一个人如何安身立命？如何保持独立人格和节操，同时又能保全自己，免遭不必要的祸患？这就是一门值得学习的学问了。而这个学问书本上没有，别人告诉你，如果没有切身体验，也是学习不来的。所以，只有自己用心地生活，用心地感受。

不是你努力，你有才华，就一定能得到别人的认可，就一定能够成功。一个人的成功，当然能力是基础，但更要别人的支持和机缘的际会。如果你有才有德，即便就是怀才不遇，没人支持，也没有机会，不要牢骚抱怨，不要仇恨生活和社会，或许原因不在此，而在于你的修养和为人处世能力的欠缺。古人说："世事洞明皆学问，人情练达皆文章"，就是说的通晓人情世故的重要性，而学问本身，一个人的综合能力，有很大一部分在于此。无论你学识有多高，人品有多好，但为人处世不讲方法，不懂圆融，很可能会为你前进的道路制造很多的障碍。

另外一方面，一个人有了成绩，懂得节制自己，不得意忘形，而是注意守柔示弱，不到时机，不表现出自己的野心，不伤害到别人的自尊和虚荣心，同时保护自己，这个修养也十分重要。否则，成功也很快被人打压下去。世情人心险恶之一面，也不能不清楚。

子曰："宁武子，邦有道则知，邦无道则愚。其知可及也，其愚不可及也。"

春秋时代的宁武子，是卫国有名的大夫。此人经历卫国两代的变动，由卫文公到卫成公，两朝代完全不同，宁武子却安然地做卫国的两朝元老，可以说算是一个有本事的人了。

开始，并没看出他有多大的本事，多高的智慧，只是当国家政治上了正轨，他的智慧、能力、才具发挥出来。

但是有趣的是，到了卫成公时，政治、社会等都进入混乱状态，情况也十分险恶，但宁武子还在朝，并参加了这个政治斗争，自己也没受到多大的影响。

那么，他是凭什么，这样保持稳立不倒呢？简直是个"不倒翁"啊。原因是，他在"邦无道"时，故意表现得十分愚蠢鲁钝，好像什么都无知似的。这样，别人认为他没有野心，也没有什么本事，起不到什么大事，危害不到自己，所以，不对他加以陷害。所以，他能够保全生命，安而无危，但仍不失自己应有的位置。能做到这一点，真是了不起啊。

所以，今天看来，他可不是一个安于现状，苟且偷生之小人，也不是一个笨才，而是拥有生存的智慧。就是今天所说的"会干"。邦有道时，他施展自己的政治才能，一展身手，做出应有贡献；邦无道时，他韬光养晦，隐藏锋芒，保全实力，假装糊涂，尽力做自己力所能及之事。所以，在客观上，他不仅保全了实力，而且也以自己的行动做了自己该做的事，并不是碌碌无为中混日子的。实际对于国家，还是做了事的。所以，孔子给他下了一个断语："其知可及也，其愚不可及也。"是说像宁武子那种聪明才智的表现，有的人还可做到，但处于乱世那种愚笨的表演，就难以做到了。可见是一种极高的智慧了。

同难容易共享难，创业时期，往往可以同甘共苦，但到创下基业时，一同享乐就变得格外困难。而且，往往是功高震主，功高遭妒，历朝历代都难免此种现象，似乎已经成了一个规律。究其原因，也许源于人性中自私的一面。而正因为如此，聪明人能看到人性的这个劣根性，从而在言行上加以注意，以免功高遭妒，遭恨，给自己带来祸患。

但人都是爱慕虚荣的，一般人很难控制自己，做到得意不忘形难，做到急流勇退更难。所以这就不仅需要节制自己的欲望，更需要非凡的修养和智慧了。历史上的那些善于保护自己，懂得功成身退的人，都显示出比一般人都高的智慧。比如范蠡，功成泛于江河，选择悠然自由的生活；张良帮刘邦打下江山后，就选择辞官回乡；郭子仪和曾国藩屡建奇功，但小心谨慎，如履薄冰，谦退为上，明哲保身，以持盈保泰为人生宗旨，都体现出一种看透名利，不贪恋富贵，善于糊涂之道，以保全名节为上的高超智慧和深厚的个人修养。

□平常心即是道

南怀瑾先生说:"故君子以人治人,改而止。"这就是儒家了,中庸之道始终不想你推到高远地方去,始终把高远之道拿到平常之间来,平常就是道。

人都有虚荣心,都想往高处走,这种上进心是无何止的,因为欲望不止,所以没有满足的时候。要做到真正的平常心,做到知足知止,是不容易的。

一个人只有经历了大起大落,才可能明白人生;只有经历了富贵,才可能明白富贵之如过眼烟云;只有经历过,才懂得;只有懂得,才明白平常就是道。最深刻的,往往也是最简单的,也是寓于平凡中的。而这个道理,我们没有切身经历,是很难体会到的。所以,做到平常心,做到简单,是不容易的。要做到,除了有经历的体验和感悟,更需要有修养。

另一方面,只有一个人认识到平常就是道,简单最深刻的道理,他才能够真正提升智慧,懂得如何把握自己,如何生活。

一次,齐相储子与孟子相遇了。

储子问孟子:"齐王总打发人去探视先生,想必先生一定有什么与别人不同的地方吧?"

孟子回答说:"有什么与别人不同的地方呢?即使是尧舜,也同一般人一样呢!人具有的我都具有,人没有的我亦不可强求;我跟人一样,人跟我一样。圣人和我也没有什么不同。"

这就是孟子的平常心。他这个平常心,就是一种自知之明,不自以为是,认为自己很平常,没什么了不起。为什么呢?因为他心中从没失去本来的天性,没被世俗污染,并有自己的道义坚守,在他认为,这是理所当然的,也是很自然的,没什么了不起。而平常人看他了不起,是因为人为物役,失去了自我,失去了本性,所以,面对圣贤人物,就感到相形见绌,一时羡慕不自信起来。其实,就是圣贤,也有常人心,区别就在于他坚持自己的赤子天性而已,从平常生活中做起而已。

因为有这颗平常心,所以不羡慕别人,只活自己;不贪婪,只追求属于自己的东西;不自以为是,也不妄自菲薄。面对人生的得失成败,面对穷通贫富,都能做到坦然面对,从而显示出高超的智慧和不一般的为人处世的涵养来。他以此为足为乐,也活出了充实快乐,心态保持在安静愉悦的状态,他自己能自得其乐,别人看他也十分舒服快乐,愿意与之交往。所以,这样的人就会有一种人格魅力,也会在人群中产生一种无形的权威来。

一般人为什么成天不快乐?主要是因为欲望太多,而且庸人自扰,自找烦恼,其实这是跟自己过不去。人要求完美,苛求别人,哪里有满意的呢?人要是不看到平凡和平常的真理在,一味执著地追求功名利禄,得到了得意忘形,得不到痛苦悲伤,把自己搞得身心疲惫,哪里会有什么快乐呢?但是一般人不明白这个道理,所以就生活在无尽的烦恼痛苦中。

平常心是道,就是既要积极进取,力争上游,又要不做无谓的执著,尽心尽力就足够了。不勉强自己,更不勉强别人。懂得把握自己,弹性生活。活在当下,珍惜眼前拥有,在平凡中找到意义,能够自娱自乐,学会感恩,善于调节自己,艺术性地生活,保持有能量,有张力地生活。

古人云："君子安贫，达人知命。"一个人要正确认识自己，正确认识人生，保持平常心是关键所在。这是一种必须的修养，也是一种人生的智慧。

所谓"高处不胜寒"，历来有多少身处高位的人，因为没把握好自己，一时得意猖狂，心理失衡，为名利所累、所害，一时不能自拔，失去自我本性，结果身败名裂。这是很深刻的教训。

而那些"宠辱不惊，闲看庭前花开花落；去留无意，漫随天外云卷云舒"的人，无论人生经历怎样的风雨顺逆，他都能保持自我心理和生活的弹性把握，做到"以不变应万变"，守护好自己的精神家园，永不失去自我。所以，穷困不幸对他是磨砺自我意志和品质的营养，富贵享受也不能使他留恋而迷失朴素简单的本性。能吃苦也能享受人生，这就是真正的达观。进退自如，宠辱皆忘。

其实，功成名就和荣华富贵固然是人们的普遍追求，出人头地，能满足人们物质和精神两方面的欲望，但做一个平凡人，未尝没有幸福和快乐的生活。每个人都有自己的痛苦和快乐。皇帝有皇帝的痛苦，乞丐有乞丐的快乐，这就是百态人生。地位上有高下之分，人生苦乐形态不同，但本质上却没有多大的区别。任凭是谁，都不能摆脱人生的痛苦。区别就在于你如何对待，如何把握。智者能看透人生，能智慧把握自己；而庸者则只会被别人把握。能把握自己的人生，才会感觉到快乐。

《中庸》："君子素其位而行，不愿乎其外。"有一乐境界，就有一不乐的相对待；有一好光景，就有一不好的相乘除。只是寻常家饭、素位风光，才是个安乐窝巢。

可见真正的快乐，就在平常中。

一个平凡人，只要他也是真诚地活着，尽心尽力做着自己认为适合于自己事情，并从中能找到乐趣，他自己不觉得难受，能够忍受，不以人生为苦，觉得自己的状态还不错，那么，他就是善于生活，也会苦中作乐，从平凡中找到乐趣的人，是一个智者。这样的人，你能说他没有幸福吗？因为他拥有一颗平常心，这心态让他心里安静着，脚踏实地，扎扎实实地生活，活出的是自己的人生，光明磊落，问心无愧，所以他感觉快乐知足。这就是平凡中的道。

如果一个身处权贵中人，能够保持平常心，不骄奢淫逸，不沉溺其中，得意忘形，迷失自我，能够自觉并有意识地为自己的心辟出一方净土，保持一份不与世俗同流合污的独立和超脱，不耽耽于富贵，而是居安思危，珍惜眼前，感恩生活，并懂得与人分享自己的财富，那么，这样的人，就是了不起的高人。因为他有一份平常心。他知道物极必反，乐极生悲的道理，更懂得平凡是福，所以不贪恋功名富贵，而是与之保持必要的距离。

荣氏集团的奠基人荣德生先生，当年，他是从一名学徒做起，一步一步，艰辛奋斗，最终成为当时蜚声中外的实业巨子的。

荣先生拥有亿万财富，锦衣玉食对他当然不是问题。但是，他的生活十分简朴。在他的居室里，挂着一幅他亲书的横幅，上面写的是："立上等愿，结中等缘，享下等福。"通过这副对联，我们看到主人那颗平常而又不寻常的心。

德国的前总理科尔，在任时是一位叱咤风云的人物，但是他从任上退下来后，自愿去做了一位花工，并且认真踏实，平心静气。没有一颗对待生活和事业的平常心，同样不可能达到这种状态。

平常心，让人保持沉静，产生智慧，摆脱浮躁，避免纷争，优雅大度，保持独立，精神充实而自由，获得幸福而快乐的人生。

越是高人越谦和

南先生说:"道在平常日用间。真正的道,真正的真理,绝对是平常的,最高明的东西就是最平凡的,真正的平凡,才是最高明的。做人也是这样,最高明的人,也最平凡,平凡到极点的人就是最高明的人。老子也说过:'大智若愚',智慧到了极点时是非常平实的。"

越是高人,越谦虚。越是超越了平凡的人,越觉得自己平凡。所以,南先生又说:"真是大成就的人,绝对的谦和,谦和到非常平实,什么都没有。真正的佛不认为自己是佛,真正的圣人,不认为自己是圣人,所以真正的佛法即非佛法。如果你有一个佛法的观念存在,你已经着相了,说得好听是着相了,不好听是着魔了。"

孔子做过鲁国的司寇(司法部长),后来周游列国,虽很辛苦,但打交道的都是国君一流人物。后来专门教书,有学生三千,七十二贤人,虽然寂寞清苦,但在当时已经算是很有影响的人物,所以他极受尊重,尤其是他的学生们,把他比作日月来崇拜。

但孔子自己，并不自以为了不得，他说："有十户人家的小村镇，就有像我孔丘这样的人，只是他们不像我这样好学罢了。"又说："有人说我是圣人和仁者，孔丘岂敢当，我不过是一个学而不厌、诲人不倦的教书匠。"

孔子自己谦虚，也教导学生谦虚谨慎。学生中，子路性格直率，过于鲁莽，很多时候也表现得不够谦虚。对此，孔子常常批评或教训他。

有一次，子路、曾皙、冉有、公西华四个人陪孔子闲坐，孔子说："你们平时总是说：'没有人知道我呀！'假如有人知道了你们，你们打算怎么办呢？"

子路急忙回答说："一个拥有一千辆兵车，夹在大国之间，加上外国军队的侵犯，甚至还赶上荒年的国家，如果让我去治理，只需用三年的功夫，我就可以使人人勇敢善战，而且还懂得做人的道理。"

孔子听了，不以为然地微笑了一下，然后正色道："治理国家要讲礼让，可是，子路说话却一点不谦让，怎么能治理好国家呢？"

还有一次，孔子带着几个学生到庙里去祭祀，刚进庙门，就看见座位上放着一个引人注目的盛酒的祭器。学生们看了觉得新奇，纷纷提出疑问。孔子没有回答，却问寺庙里的人："请问您，这是什么器具啊？"

守庙的人一见这人谦虚有礼，也恭敬地说："夫子，这是放在座位右边的器具呀！"

孔子仔细端详着祭器，然后对学生们说："你们看，放在座位右边的器具，当它空着的时候是倾斜的；当它装一半水时，就变正了，而装满水呢？它就会倾覆。"

学生们听了,都睁大眼睛,觉得不可思议似的。孔子问大家:"你们有点不相信吗?咱们放些水进去试试吧!"

果然,当往器里倒了一半水时,那器具果然就正了。孔子立刻对他们说:"看见了吧,这不是正了吗?"

大家点点头。他又让学生继续倒水,装满。结果,水满,器就倾倒了。

孔子赶忙告诉他们:"倾倒是因为水满所致啊!"

可是,直率的子路发问:"难道没法子让它不倾倒吗?"

孔子语重心长地说:"世上最聪明的人,就应持重而谨慎,以保持自己的聪明;功誉天下的人,应当用谦虚保持他的功劳;勇敢无双的人,应当用谨慎保持他的本领……这就是说要用谦退的办法来减少自满。"

学生们听了,频频点头,深以为然。这就是孔子教育学生骄傲自满,水满则溢的道理。

佛的伟大,也在于他极谦虚而平凡。南先生一次在说佛法时,说:"佛的境界谦退到极点,他要度尽了一切的众生,而心胸中没有丝毫教化人、度人之念。所以,佛同其他宗教解释的教主是不同的,佛没有权威性,非常平凡,很平实,只说你的成就是你的努力。"

谦虚是中华民族的传统美德,古人为什么那么重视谦虚?就是因为认识到自己的局限和不足,为了更好地完善自己,成长进步。这也是中国人的涵养,与外国文化是大异其趣的。这种涵养说明了我们的修养,是明白了天地宇宙大道和人情世故后深刻的认识,绝非西方那种直接的文化所能比的。但是,曾几何时,国人离谦虚越来越远,甚至不懂得谦虚。所以,我们看到,社会上宣传和炒作之风盛行,对商品宣传,把自我也当成商品宣传,往往有言过其实,夸大其词之嫌,真是贻笑大方。其实,你如果真有本事，不必那么着急费劲地宣传，不必担心没人了解你，不必担心没有出头之日。那种过分的宣传，反而适得其反，让人生嫌厌和拒绝心理。是聪明人不为的。纵使是毛遂自荐，也当讲究方法和智慧，有充分把握时，才能有此当仁不让的积极争取，否则，越争取越得不到，越不争反而越能得到机会。这是中国人的哲学和智慧。直到如今，中国的文化和人情世故都是如此，所以，盲目学西方那套东西，来夸大宣传自己，是不明智的行为。

从另一方面，中国人正是以其浓厚的文化和涵养才引起世人关注和尊重的。教育家蔡元培先生，就曾以其修养和智慧征服了外国人。

一次，伦敦举行中国名画展。组委会派人去南京和上海监督选取博物院的名画，蔡先生与林语堂都参与其事。

法国汉学家伯希和，自认是中国通，在巡行观览时口若悬河，滔滔不已。为了向人表示自己的内行，他向蔡先生说："这张宋画，绢色不错"，"那张徽宗鹅，无疑是真品"，然后，又说到墨色、印章，等等，似乎他真是一个中国通，对中国绘画和文化有浓厚的了解。

而蔡先生呢，他不表示赞同，也不表示反对，只是客气地低声说："是的，是的。"一脸平淡冷静的样子。

就这样，过了一会儿，伯希和似乎若有所悟，突然闭口不言了，而且脸上表情十分不自然，面有惧色。大概他从蔡元培的表情和举止上，感觉到自己的卖弄是多么幼稚和可笑吧，而且看蔡等人的样子，更是胸有成竹，他不免担心自己的话，恐怕已经说错了什么吧，说不定出了丑还不知道呢！所以，他很快不说话了。

这就是蔡元培先生君子之风的谦谦修养，也是他为人处世的涵养和人格魅力。后来，语堂先生在回忆时感叹地说："这是中国人的涵养，反映外国人卖弄的一幅绝妙图画。"由此可见，中国文化相对于西方文化之深厚。

什么是真正的智慧

子曰:"知者乐,水;仁者乐,山。知者动,仁者静,知者乐,仁者寿。"

对此,南怀瑾先生解释说:一般的人说,"知者乐水"的意思是说聪明的人喜欢水,因为水性流动。"仁者乐山"是说仁慈的人喜欢山。如果这样解释,问题大了。套用庄子的口吻来说,"知者乐水",那么鳗鱼、泥鳅、黄鱼、乌鱼都喜欢水,它是聪明的吗?"仁者乐山",那么猴子、老虎、狮子都是仁慈的吗?这种解释是不对的。正确的解释是"知者乐,水"。知者的快乐,就像水一样,悠然安详,永远是活泼泼的。"仁者乐,山"。仁者之乐,像山一样,崇高、伟大。"知者乐",知者是乐的,人生观、兴趣是多方面的;"仁者寿",宁静有涵养的人,比较不大容易发脾气,也不容易冲动,看事情冷静,先难而后获,这种人寿命也长一点。这是连起来的意思,千万不要跟着古人乱解释:聪明的人一定喜欢水,仁慈的人一定喜欢山。那问题就很大了。

这里是说智者和仁者的一个特点。智者乐观好动，如水一样；仁者深沉豪迈，犹如大山。其实，智者的外在表现，不是说他活泼好动，更是说他的灵活变通，如水一样，变化多端，能急能缓，能静能动，动静相宜，温柔而有力。

而智者的智慧，却不是从这种好动灵动的外在表现而来，而应该是从静中升华出来的。如佛家所谓的"定生慧"，定是什么？就是定力，定力出于沉静无扰中。所以，智慧生于宁静中。从这个方面来说，正直的智者，也是最能安静的。在安静中获得那种物我两忘，浑然一体的状态，达到自然之化境。而自然，虚无，无疑则是智慧的一种最自然的表现。也如老子所说的"自然无为"。

换句话说，人只有入静，入定，才能在虚无中达到自然无为，才能查古阅今，审时度势，又能鉴照天地的精微，明察万物的奥妙，从而掌握事物发展的规律，抓住最好的时机，得以发展。你看古来那些得道高人，不都是这样吗？善于道法天地，在宁静中冥思遥想，做到"运筹帷幄，决胜于千里之外"；在不得时机时，就"潜居抱道，以待其时"，站在人生边上，以一个旁观者的姿态；而机会来时，迅速出动，抓住机会，发展自己。这就是智慧。只在合适的时候出动，不动则已，一动惊天。

我国道家的老庄哲学，体现出深厚的智慧。老庄主张自然无为，守柔示弱，甚至抱残守缺，与世无争，藏拙守身等，看似消极，其实体现了一种以柔克刚，以弱胜强，以退为进，反其道而行之的高超智慧。

庄子就是一个对人生、社会和人心看得十分透彻，自己能保持超然的人。很多东西，不是表面上看到的那样。经常畅谈山林之乐的人，未必就能真正领悟其乐趣；经常高论讨厌名利的人，心中未必不想升官发财。很多事情，只有临到他头上，才能看出真精神；很多事情，只有经历了，才有资格说真懂得；没有体验，评头论足，不能算是真懂得。正如庄子说："懂得道不是难事，但要不说出来，就难得了。懂得道而不妄加评论，是达到自然的境界；懂得道就信口谈论，就是一种刻意为之。而古人，是追求崇高天然而无为的。"

老子说："大音希声"，越是懂得，越是不说。因为觉得没必要，还免得越说越乱相，越描越黑。毕竟"书不尽言，言不尽意"，有时语言并不能真正代表什么。不到用时，少说为妙。真正的智者，从不逞一时口舌之快，而往往是保持沉默。"不鸣则已，一鸣惊人"。

"世事有趣，得之者无言，言之者未得。"所以道家主张自然无为，追求自然天成，而自然无为，最是得天地之道的状态，是最高的智慧，也是适合万物生灵的最好的生存方式。

老子的师父叫常枞。常枞临死时，老子及其徒弟们都站在常枞的床前，尽学生之道。

老子问师父："您还有什么要告诉学生的吗？"

常枞说："你说牙齿和舌头，哪个刚强，哪个柔弱？"

老子还没回答，常枞就张开嘴巴，说："你看！我的嘴里还有什么？"

老子看了看，说："师父，您的嘴里什么也没有。"

常枞对老子说："这就是我为你上的最后一课。柔弱胜于刚强。"

老子含着泪说："师父，今后我将以谁为师呢？"

常枞看着老子说："今后，你应该以水为师。"然后，他说："上善若水，'水'最柔弱，但'水'对人生有着丰富的启示。智者如水。水遇到阻碍物就会转个弯，但是流向并没有改变，这种不硬碰硬，不采取两败俱伤的处世态度，是智者的风范。它看似软弱无力，但却力量无穷。"

老子和学生们听了，深以为然。

所谓"上善若水，厚德载物"，厚德之下，更有智慧，不停顺势而动，或急或缓，灵活多变，或宁静，涓涓细流，或湍急，奔腾咆哮，水的品格，温柔又有力，作为生命之源，它的确是给人最深刻的启示，是我们最好的老师。所谓"水滴石穿"，水的力量无比强大，为古来的智才所效仿。

诸葛亮的智慧，是人所共知的。他最主要的特点，就是善于法天效地，并深得道家智慧之法。

周瑜有意为难诸葛亮，让他在十天之内，赶制出十万支箭来。他原以为诸葛亮会拒绝，因为这太难为了。但是，出人意料的是，诸葛亮却说："操军即日将至，若等十天才造出来，必将误了大事。"

他说："我不必十天，只用三天时间，就可办完此事。"

周瑜看他如此痛快，大喜。当即与诸葛亮立下了军令状。在他看来，诸葛亮怎么可能办成呢？这样，他必死无疑。他对于诸葛亮的才智，早已妒忌在心，要置其于死地而后快。所以，巴不得此次，公报私仇。

诸葛亮告辞后，周瑜让鲁肃到诸葛亮营地去查看动静，打探虚实。

诸葛亮看到鲁肃来了，就故意可怜地说："三日之内，如何能造出十万支箭呢？还望子敬救我！"

厚道的鲁肃回答说："你自取其祸，叫我如何救你？"

诸葛亮说："只望你借给我二十只船，每船配置三十名军卒，船只全用青布为幔，各束草把千余个，分别竖在船的两舷。这一切，我自有妙用，到第三日包管会有十万支箭。但有一条，你千万不能让周瑜知道！否则，他必从中作梗，我的计划就很难实现了！"

鲁肃说："你放心。"

可是，他虽答应了诸葛亮的请求，但并不明白诸葛亮的意思。他回去后，遵守诺言，没对周瑜讲借船之事，只说见诸葛亮并没准备造箭用的竹、翎毛、胶漆等物品。周瑜听罢，也大惑不解。

诸葛亮向鲁肃借得船只、兵卒以后，按计划准备就绪。可是一连两天，诸葛亮却毫无动静，直到第三天夜里，四更时分，他才秘密地将鲁肃请到船上，并告诉他要去取箭。

鲁肃不解地问："到何处去取？"

诸葛亮回答道："子敬不用问，前去便知。"

鲁肃被弄得莫名其妙，只得听从诸葛亮的安排，随行在旁，看个究竟。

凌晨，浩浩的江面，雾气沉沉，漆黑一片。诸葛亮命令兵士用长索将二十只船连在一起，起锚向北岸曹军的大营进发。

时至五更，船队已接近曹操的水寨。这时，诸葛亮又教士卒将船队头西尾东一字摆开，横在曹军寨前。然后，他又命令士卒擂鼓呐喊，故意制造了一种击鼓进兵的声势。

鲁肃见状，大惊失色，诸葛亮却坦然地说："我料定，在这大雾之夜，曹操决不敢贸然出战。你我尽可放心地饮酒取乐，等到大雾散尽，我们便回去。"

曹操闻报后，果然担心重雾迷江，遭到埋伏，不肯轻易出战。他急调旱寨的弓弩手6000人赶到江边，会同水军射手，共约1万多人，一齐向江中乱射，企图以此阻止击鼓叫阵的"孙刘联军"。

一时间，箭飞如蝗，纷纷射在江心船上的草把和布幔之上。过了一段时间后，诸葛亮又从容地命令船队调转方向，头东尾西，靠近水寨受箭，并让士卒加劲地擂鼓呐喊。

到日出雾散之时，船上的全部草把密密麻麻地排满了箭枝。此时，诸葛亮才下令船队调头返回。他还命令所有士卒一齐高声大喊："谢谢曹丞相赐箭！"曹操得知实情时，诸葛亮的取箭船队已经离去20余里，曹军追之不及，曹操懊丧不已。

诸葛亮带船队返营后，让士兵计算，共得箭10余万枝，为时不过三天！

鲁肃目睹其事，佩服得不知所云，连称诸葛亮为"神人"。

他对鲁肃所讲："我不仅通天文，识地利，而且也知奇门，晓阴阳。更擅长行军作战中的布阵和兵势，在三天之前已料定必有大雾，故演出这一出草船借箭之戏。"然后他又说："我的性命系之于天，周公瑾岂能害我！"当周瑜得知这一切以后，大惊失色，自叹不如。

诸葛亮为什么这么智慧呢？正是他善于法天效地的结果。

□积极进取,乐天知命

子曰:"不仁者,不可以久处约,不可以长处乐;仁者安仁,知者利仁。"

对此,南怀瑾先生解释说:孔子说假使没有达到仁的境界,不仁的人,不可以久处约,约不是订一个契约,约的意思和俭一样。就是说没有达到仁的境界的人,不能长处在简朴的环境中。所以人的学问修养,到了仁的境界,才能像孔子最得意的学生颜回一样,一箪食,一瓢饮,可以不改其乐,不失其节。换句话说,不能安处困境,也不能长处乐境。没有真正的修养的人,不但失意忘形,得意也会忘形。到了功名富贵快乐的时候忘形了,这就是没有仁,没有中心思想。假如到了贫穷困苦的环境就忘了形,也是没有真正达到仁的境界。

安贫乐道与富贵不淫都是很不容易的事,所以说:"知者利仁。"如真有智慧、修养到达仁的境界,无论处于贫富之际,得意失意之间,就都会乐天知命,安之若素的。

孔子的一生坎坷,碰了不少的壁,遇到了不少难堪事。但他并不垂头丧气、潦倒颓唐，不是愤世嫉俗、怨天尤人。他的做法是：一方面自己很执著，痴心不改，无怨无悔；另一方面又很宽厚平和，很乐天知命，这就是圣贤之道，走正路，不走偏邪道。坚持作为知识分子的中正和气节。努力追求，但不强求，不能为了富贵而失去志节。所以能安贫乐道，乐天知命。贫富均不改其志，即使不遇倒霉，也能调节自己到最佳状态，保持乐观积极向上的生活姿态。因为明白，努力就够了，所谓"成事在天"，不强求一定成功，也强求不来。这就是明白人生。

面对无边的天地宇宙，个人是多么渺小啊；面对有限的人生，个人是多么无奈啊，生命很短，个人能力有限，明白了这个道理，就心中有了敬畏，学会谦卑自处；但正因如此，人才要追求生命的意义，以期在有限的人生中，最大限度地发挥自己，完成自己此生的使命，最大限度地发挥自己，实现自己。这样才不枉此生。所以，中国古代的知识分子，既能做到乐天知命，不与天争，又能从天地中汲取感悟，自强不息，厚德载物。实现人生价值的最大化。

那么这个最大化是什么？道家说是"无为而无所不为"，儒家是追求"立功、立言、立名"之三不朽，释家是放下我执，普度众生，脱离苦海。其实，他们的共同目的，都是在有限的人生中，追求一种具有普世价值的意义，以此弥补人生有限的遗憾，获得一种精神意义上的永恒和长生。

人总要有点追求，无论能否如愿，结果是否能有理想中的意义，但其实，意义在追求的过程中就已经感觉到了。人生，就是这个过程。所以，说起来是目的，但关键在于这个过程。这个过程尽心尽力做了，就无怨无悔，问心无愧，内心因此获得一种满足和快乐，至于结果，其实已经无所谓了。真正的智者，是这种积极而达观的生活态度。所以，无论结果如何，他都能做到坦然地接受。不患得患失，不问结果，只管专心致志，脚踏实地地做去，其实该得的已经在这个过程中得到了。又何必问结果？

对于这种内心的弹性和智慧把握，看似灵活，但有一条不能改变，就是：志节一旦认定，始终如一，一生不变，矢志不渝，坚定执行，不为什么人或者什么事所改变，所左右，永远保持这份对自我心志的虔诚，为此真诚地生活，真诚奋斗。按今天的话来说，就是忠于自我，保持自信、自尊，自强不息，上下求索，直到生命的最后。古代儒生坚持道义的志节十分坚定，所谓"匹夫不可夺其志"也。

人都想成功，但成功的毕竟是少数。而这个所谓的成功，多是社会标准的，且每个人心里的真实标准也许并不一样。所以，究竟怎样才算成功？并没一个统一的定论。这样，关于成功的结论，就不必那么执著于结果，真正的东西，可能在过程中的所得，真正的标准应该是：你是否感觉到了成长，是否感到快乐和幸福。至于社会上别人的议论，姑且不必计较，任由他们说去，所以，一个人坚持自己显得格外重要。因为只有自己能成全并成就自己，没人可以依靠。每个人站的角度不同，所以说法自然不同，真正了解你的人并不多，自知才更重要，你认为对，那么就是对，借鉴别人可以，做最终决定的仍然是自己。原则是服从自己内心召唤。

懂得了这个道理，你就会有自己的成功标准，而不是受社会或是他人所左右。这样，你才能找到一条适合自己的路，创造出属于自己的成功。当然，你必须明白："谋事在人，成事在天"，这样，就不必做无谓的执著，自压自苦自己，增加无谓的痛苦烦恼。而应保持达观乐天，无论结果如何，永远一副乐天姿态。

古人说："乐天知命，故无忧"，追求的就是一种让生命顺其自然，归于达观自在的状态。在乐天的人眼里，没有灰暗，也没有阴暗心理，永远热爱生活，虽有困苦无奈，虽有挫折困顿，但他能看到太阳每天是新的，日日是好日，如《易经》中所说"生生不息"，也因此他能保持永远向上的姿态，同时能自得其乐。

原宪在鲁国很贫穷，子贡在卫国很富有。由于贫穷，原宪身体受到影响；由于富贵，子贡也为此受累，身心疲惫。所以，一个人贫穷固然是不足，但富贵也有遗憾。快乐安逸最难求。善于快乐的不患贫穷，善于安逸的不图富裕。金钱等物质财富固然能让人过得更舒服，但生不带来，死不带去，乃身外之物。而生命中真正属于自己的东西是什么？就是自己那颗心——你是否迷失了自己，本性不再，失去作为个体的独立和自由，是否失去了内心的真正快乐。所以，如老庄所倡导的那样，让心不失自然无为的状态，保持一份独立和自由，是十分重要的。

《孟子·尽心章句上》中说："能够充分扩张自己善良的本心，就可以懂得什么是人的本性；懂得了人的本性，就可以知道什么是天命。保持人的本心，培养人的本性，这本身就是我们对待天命的最好方法。短命也好，长寿也好，我都不三心二意，只是修养身心，等待天命，这就是安身立命的最好方法。"所以，为人修身之道，只在于回复其淳厚善良的天性而已。庄子在《刻意篇》中说："恬淡、寂寞、虚空、无为，这是天地赖以均衡的基准，而且是道德修养的最高境界。"

人的天性本纯洁无尘，心如明月，没有乌云遮挡，自然明亮；心如静水，无波不起浪；心如明镜，没有灰尘，不必擦拭。如《红楼梦》中对黛玉的评价："质本洁来还洁去"，你纯净自守，自然也清净无扰。"云去月现，尘拂镜明"的做到自性不迷，拥有自我，就不会为外物所扰，保持自己独立的精神生活，做到乐天知命，无忧无虑地快乐生活。

有了这样的心态，那么，无论贫富穷通，你都能智慧地处理。这种智慧，其实源于一份对人生社会及人与人的深刻认识以及对于自我的审视，如果一个人有意识地修养自己，就不难达到。有修养的人，往往有超出常人的生存智慧。所以，荀子说："有涵养的人，处境穷困，心志宽广；身处富贵，恭敬从容；休息的时候，精神也不懈怠；疲倦的时候，容貌仍保持庄重。在显达之时，盛怒之下，罚不过重，喜悦不余，赏不过高。"闲看花开花落，我心自有一份悠然，一份达观。

□修养自己,艺术地生活

南怀瑾先生说:孔子是很喜欢音乐的。过去的知识分子,对艺术与文学这方面的修养非常重视。人生如果没有一点文学修养的境界,是很痛苦的。后世的人,没有这种修养,多半走上宗教的路子。但纯粹的宗教,那种拘束也令人不好受的。所以只有文学、艺术与音乐的境界比较适合。

最近发现许多年纪大的朋友退休了,儿子也长大飞出去了,自己没事做,一天到晚无所适从,打牌又凑不齐人。所以我常劝人还是走中国文化的旧路子,从事文学与艺术修养,会有安顿处。几千年来,垂暮的读书人,一天到晚忙不完,因为学养是无止境的。像写毛笔字,这个毛笔字写下来,一辈子都毕不了业,一定是说谁写好了很难评断。而且有些人写好了,不一定能成为书法家,只能说他会写字,写得好,但对书法——写字的方法不一定懂。有些人的字写得并不好,可是拿起他的字一看,就知道是学过书法的。诗词也是这个道理。所以几千年来的老人,写写毛笔字、作作诗、填填词,好像一辈子都忙不完。而且在他们心理上,还有一个希望在支持他们这样做,他们还希望自己写的字、作的诗词永远流传下来。一个人尽管活到八十九十岁,但年龄终归有极限的，他们觉得自己写的字，作的诗词能流传下来，因而使自己的名声流传后世，是没有时间限制的，是永久性的。因此他们的人生，活得非常快乐，始终满怀着希望进取之心。以我自己来说，也差不多进到晚年的境界，可是我发现中年以上，四五十岁的朋友们，有许多心情很落寞，原因就是精神修养上有所缺乏。

我国是一个礼乐国家，有深厚的文化艺术传统。古代的知识分子，不仅注意学问修养，安身立命，而且十分注意生活的格调和情趣。而二者是紧密相连的，修养既有思想上的，更有艺术上的审美陶冶，按今天的话来说，就是德育与美育结合。在古代，德育和美育是真正结合在一起的，不像现在的流于形式。你看，古人写文作诗，道德学问，都离不开内在与外在统一的和谐之美，而这个，既是工作，又是生活的自娱。

孔子作为大学问家，可不是古板的学究。历史上记载，孔子十分注意生活情趣，他精通音乐，深谙乐理，具有很高的音乐美学素养。有一次，孔子在齐国，听到了韶乐，赞不绝口，自称"三月不知肉味"。孔子还曾向鲁国乐官师襄子学琴，10天后还是弹同一曲子。师襄子说："可以另学新曲了。"

孔子说："曲子虽熟，技巧还不熟。"

过了几天，师襄子又说："技巧已熟，可以学新曲了。"

孔子说："还没有领会曲子志趣。"

又过了几天，师襄子说："已经领会曲子志趣，可以学新曲了。"

孔子道："还未领悟出作曲者是谁。"

再过一段时间，孔子若有所悟地说："此曲除了周文王，还会有谁能作出呢？"

师襄子肃然起敬："此曲正是《文王操》！"

在一个热爱生活，有追求和修养的人眼里，生活永远是美好的，天天有新的希望。所以，也能在人生的苦中找到快乐。而艺术，就是生活和工作的点缀，是丰富人生，点燃内心真善美的最主要力量。艺术的核心是美，而最大的美就是和谐，所以艺术能和谐并润滑我们的生活，让我们的生活充满阳光和美丽。

日出日落，周而复始，生命短暂，而且有许多无奈，但人生又有许多快乐和美好，令我们永远不失去热情和希望，只要有热情和希望，生活就永远不缺少动力、信心、勇气和力量。而尽一生的力量完美提高自己，一生不懈，忠诚于自己的追求，又可见理想有多么的了不起！而这一切，都能艺术化地被我们再现，所以艺术长存。而我们真实的生活，同样可以艺术地来过。比如，在忙碌中，有意识地提高自己的生活情趣，无论是音乐、舞蹈，还是写作、绘画、旅游，等等，学会忙碌中适当放慢脚步，让节奏慢下来，享受一下生活，享受一下惬意，这就是热爱生活。所以，做自己喜欢的工作，把他与自己的人生理想相结合，融入自己的生命中，让自己快乐地工作；拥有一份自己的爱好，坚持下去，让自己在闲暇中能够自娱自乐，享受一个人宁静而有事做的日子，这同样是人生的幸福。同时，还可提高自己的修养，何乐而不为呢？

庄子在《养生主》中说："人生命有限，而知识无涯，以有限的生命去追求无限的知识，势必劳神伤身。无何止地追求，是危险的。做好事不图名声，做坏事却不至于受刑，遵从天道，顺其自然，如此方不伤身心，保全天性，少有忧患，终享天年。"

庄子这是告诉世人，要"应效法大自然的变化"，但人生活在纷扰的世间，难免有烦恼痛苦，甚至纠结不断，这种情况下，调节自己的心态，善于艺术地生活，以此放松自己，也让自己的内心保持一份热情和美感，守护好心中的一方净土，这样才能愉悦身心。

□人到无求品自高

南怀瑾先生说：一个人的道德修养，真要做到"君子坦荡荡"，必须修养到什么程度呢？要做到"弃天下如敝屣，薄帝王将相而不为"，把皇帝的位置丢掉像丢掉破鞋子一样；为了道德，为了自己终身的信仰，人格的建立，皇帝可以不当，出将入相富贵功名可以不要。孔子所标榜的人格的修养，到了这地步，那自然会真正"坦荡荡"。也是前面提到过的，人有所求则不刚。曾子也说："求于人者畏于人。"对人有所要求，就会怕人。如向人借钱，总是畏畏缩缩的。求是很痛苦的。所谓"人到无求品自高"。所以要做到"君子坦荡荡"，养成"弃天下如敝屣"，然后可以担当天下大任了。因为担当这个职务的时候，并不以个人当帝王将相为荣耀，硬是视为一个重任到了身上来，不能不尽心力。

所谓"无欲则刚"，一个人只有做到无欲无求，才能真正做到如孟子所说"俯仰无愧于天地"，做到真正的不被什么所左右，活出刚强有力。

只是人总有欲求，就会有让别人拿捏的弱点，真正难做到刚强有力。但欲望无止，不加以节制，人生更增痛苦烦恼；弱点虽有，但自觉发送，提高修养，还是可以做到对自己的不断完善。花花世界，欲望太多，永无满足，以为能得快乐，实则得不偿失。其实，人的一生，真正的需要并不那么多，所以何必那么贪婪？沧海桑田，无论世界如何变幻，便生命中真正需要的东西从未改变。生命中真正值得珍惜和把握的究竟是什么东西呢？不是名利，不是金钱和物质，而是内心的充实和快乐。而丰富和快乐来自哪里？来自对自我本性的坚持，对自我的完善，保持独立和自由的心境，实现自己，并能领受人间的真、善、美。

古代社会的知识分子，坚守节操，不为权势所动摇，体现的就是一种高洁自守的生活态度。周敦颐的《爱莲说》，以莲花比喻不与世同流合污的君子，就是一种高洁的品质。

　　从前，战国的游说之士，大多愿意屈身拜见诸侯，以寻求个人发展。而孟子坚守道德，以个人气节和操守为重，于是就不免显得寂寞清苦。

　　孟子的学生陈代对老师的行为表示不解，于是问道："君子坚守进退之礼义，固然应以保全名节为本，但施展平生抱负，及时济世，也是君子毕生的追求。现在先生不去拜见诸侯，作为保全个人名节，是当然的，但如果拘泥于此小节，则是不必要的。现在先生如果去见诸侯们，就可行道济世，大则拨乱反正，安邦定国；小则可以诚信往来，互利修好，成就霸王事业，功成名就，只在一眨眼的工夫。先生却不能为此稍微委屈一下自己，有所放弃吗？而且，《志书》上说：'丢掉一尺，得到一丈。'就是说，失去小的，得到大的，不去因小失大。现在先生如果去见诸侯，成就王道和霸王之业，舍小得大，这样应该是可取的。"

　　孟子回答说："我不是不想施展抱负，济世为民，但如果考虑到节义，去就是不妥当的了。从前，齐景公在外打猎，当时应有虞人来为他做些事情。于是齐景公派人用旌旗来召见他。当时君王，如果要见臣子，都要持有一件信物，以为凭证。召见虞人，应该用皮草帽子，但齐景公用的是旗帜，不合虞人的原则操守，所以遭到拒绝。齐景公为此大怒，几乎要杀人。孔子赞美虞人说：'有志节之人，本来就甘守清贫寂寞，即便死于沟壑，也不忘保全自己的志节；有勇气的人，本来就甘心舍生取义，即便为此捐躯，丢掉脑袋性命，也要保全自己的义气。这就是虞人的可贵之处啊。'孔子为什么单拿虞人来赞美？就是赞赏他的'召见我却不用合适的东西，那我宁死不去'的精神。现在，如果我不等诸侯来召见我，我自己就去了，那我的志气就不如虞人啊！这算什么呢？所以，君子的出处进退，要有所坚持和操守，绝不能苟且屈节，岂是成就霸王之业就可打动他的心呢？而且，《志书》上说的'失尺得丈'，主张失小得大，这是从利益的角度谈的。如果目的为了利益，那么就可以蝇营狗苟，无所不为。即便是名节败坏，甚至失丈得尺，失大得小，认为只要有利益可得，就不会顾惜什么，无所不能做了。这是做人之大节不能允许的。你相信吗？君子的进退取舍，是衡量节义的屈与伸，而从不去考虑利益的多与少的。"

在这里，孟子说的是君子不必委屈自己，不能失去志节而去拜见诸侯的道理。

第四章　智慧为人处事

□巧言令色鲜者仁

南怀瑾先生说：什么是"巧言"？现在的话是会吹、会盖。孔子说有些人很会盖，讲仁讲义比任何人讲得头头是道，但是不脚踏实地。"令色"是态度上好像很仁义，但是假的，这些与学问都不相干。"鲜者仁"——很少真能做到"仁"这个学问的境界，因为那是假的。我们从电视上就看得到，那个小丑表演的角色，动作一出来，就表示"巧言令色"。

人都不喜欢被反对，都喜欢听表扬的话，都喜欢戴高帽子，这是人的天性，所以，那些善于巧言取媚者，就容易得人心，讨人喜欢。而如果听到批评，说自己的不好，有时明知人家说的对，心上却老大的不高兴，认为是对方不尊重自己，故意打击自己，所以心上就不能宽广，生起恨意来。

怎么不想想？那个人为什么一味对你说些甜言蜜语呢？是出于善意的鼓励，还是有求于你？你一定要搞清楚了。这样才不容易被他可能的不轨之心利用。那个人为什么要批评你呢？是有意要打击你？还是出于良苦的用心？你一定要搞清楚了，否则你可能失去最好的朋友。语言是人心声的反映，但语言并不能完全代表心声，有很多情况下，真真假假，也是复杂多变的。所以，对于语言，我们不仅要自己检点，而且要注意审视别人说给自己的话。什么人的话，什么样的话可以听进去，什么样的话，最好当耳边风，这个你自己心里要有数。所以，语言既不是随便可说的，也不能随便地来听。

那些成天以谗媚为能事的人，多半是以巧言来魅惑人为能事的。所谓"口蜜腹剑"，不能不当心。所以孔子说："巧言令色者，鲜有仁者"。事实确实如此，看那些平时不说话，看上去木讷的，也许内心最淳朴可信，而那些成天对人挤眉弄眼，笑脸迎人，甜言蜜语的人，也许最不值得信任。因为如果是真诚的，没必要任何伪饰，总是自自然然地表现出来。

> 战国时，宋国有个叫曹商的人，专好取媚于权贵，对平常人却经常看不起。有一次，他替宋王出使秦国，去的时候，宋王送给他不少车辆，他坐上去，看起来十分威风。
>
> 到秦国后，他又对秦王甜言蜜语地，巧言一番，也讨得秦王的喜欢，又送他车辆数百乘。回到宋国后，他就有些得意忘形，看上去飘飘然。
>
> 这天，他特意来拜访庄子，十分得意地说："你住在这种破旧的茅屋里，靠编织草鞋过日子，饿得面黄肌瘦，却像没事似地说说笑笑，这个我确实表示佩服。我呢，一旦见到万乘的君主，我就取悦于他，很快得到他的喜欢，对我封官晋爵，还能得到数百辆车马的赏赐，这却是我的长处。你难道不是这么认为吗？"
>
> 庄子听完，轻蔑地说："秦王有病了，叫医生，能够使他的毒疮溃散的可获得一辆车，愿意为他舐痔疮的可得到五辆车，行

为越下贱卑微,得到的车辆越多。你大概比给秦王舐痔疮还要卑贱得多吧?不然,怎么能得到这么多车辆呢?滚开!"

可见庄子的节操,宁可安贫乐道,也不想与巧言媚上的小人为伍,对其失去自己人格和尊严的下贱行为表示不齿。而小人呢?却不以为意,还自以为聪明有伎俩。一个是独立不倚真正智慧,不以俗常为标准;一个是有求于他人雕虫小技,以取悦于他人为能事。人与人毕竟不同,器有大小,品有高低。不同类耳,当然庄子不屑与之为伍。

口蜜腹剑的故事,就勾画出了小人取悦于权贵的小丑画面。

李林甫,在唐玄宗时,任兵部尚书,论才艺,也还不错,一手字、画都很好,但是,他做官很不合格,不是为国为民办事,而是一味迎合玄宗的意旨。不但如此,他还想方设法,用些不正当的手段,结交后宫。

由于他善于巴结,取悦于人,得到玄宗的喜爱,而后宫里皇帝身边的亲信人员以及妃子们,由于收到他的很多好处,也在皇帝面前对他多加美言,这样,使皇帝对他更加信任了,后来达到了宠信的程度,成为一进无两的大红人,而且一直在朝中做了十九年的官。

李林甫的为人,十分狡猾,内心阴险,但表现在外面,却是一团和气。他不是那种媚上欺下的人,不仅对皇帝取悦,和一般人接触,他也总是在外貌上表现出友好,非常合作,嘴里说出的都是好听的话,让人感觉很舒服。

一般不了解他的人,怎么会知道他内心的阴险呢?他可不是那么真正善良的人。他经常是满脑子坏水,时时想着坏主意来害人。

后来,时间长了,人们对他才有所了解,于是背地里说他"口有蜜、腹有剑"。即是:口上甜甜蜜蜜,心中利剑害人。

唐朝还有一个李义府,平常看上去十分忠厚和温和,而且他不管和谁说话,总一定先自己咧开嘴笑,表现出十分诚恳和善良的样子。但他的内心却刻薄奸诈，常使用阴险的计策害人。时间长了，人们对他也有所了解，于是背地里说他"笑中有刀"。

像李林甫和李义府这样的小人，是非常可怕的，因为他言行不一，表里不一，若不小心，便要上当受害。所以，"口蜜腹剑"和"笑里藏刀"既是对一类小人的总结，也是告诫好人一定要对此类人多加防范。

□世态人心真懂得

南怀瑾先生说：在艰苦中成长成功之人，往往由于心理的阴影，会导致变态的偏差。这种偏差，便是对社会、对人们始终有一种仇视的敌意，不相信任何一个人，更不同情任何一个人。爱钱如命的悭客，还是心理变态上的次要现象。相反的，有器度、有见识的人，他虽然从艰苦困难中成长，反而更具有同情心和慷慨好义的胸襟怀抱。因为他懂得人生，知道世情的甘苦。

所谓"世事洞明皆学问，人情练达皆文章"，说明人情世故是真正需要重视的学问。一个人从小到大，在不断的成长和成熟中，在不断的学习中，不仅要提高生存能力，立足社会，更要在社会和生活中了解人情世故，不断修养自己，学会为人处世，这样，做好人与做好事相结合，才可能取得成功。如果光有能力，而不通人情世故，那么，很可能会处处碰壁受挫，所以，一个人有能力是基础，而为人处世的能力是成功所必需的素质和能力。从某种角度而言，这种能力更重要。

懂得人情世故，一些人认为就是让人变得世故，变得有城府，其实不然。而是懂得人性和人情，通晓世间约定俗成的一些规矩，不了解，你活在社会和人群中，如何待人接物呢？只有懂得人情世故，你才能知道如何做人，如何与人交往，确立自己做一个什么样的人，以一种什么样的姿态面对人生、社会、人与人，这是十分重要的命题。就此意义而言，了解人情世故，是伴随一个人一生的修养。提高此修养，是更好地完成自己，活好自己人生所必要的。这里的人情世故与人们所说的那种老于世故，圆滑老道，心有城府，是两个概念。

人活一世不容易，不仅因为立足社会，成功立事之难，更因为做人处世，做好一个人，完成一个人的不容易。很多人，也许能力很强，也取得了成功，但是，因为人品低下，口碑不佳，所以并不能得到社会的真正认可，他的成功就不能说是真正的成功。而一个人也许个人能力不强，但他待人接物，为人处世很有修养，很有风范，能吸引并团结甚至领导他人，让别人甘心为他服务，这种人往往更容易获得支持和成功，而且能成为影响和领导群体的中坚人物。另有一些人，他保持人格和精神的独立，不哗众取宠，而是独善其身，有志于学问，做人做事有节操，有自己的风格，这样的人，也有一种人格魅力，有一种无形的权威，往往能成为人们真正信任的朋友。

为人处世，是一门大学问。只要是有些经验的人，都会有此感。这个学问书本上学不来，也没人能够告诉你全部，只有自己在生活中去领悟。这不是一下子学会的，父母长辈也不能教会你，只有靠自己。所以，为人处世的能力伴随着一个人的成长和成熟，需要一个过程。这个过程中，你用心生活了，自觉修养自己了，对于正反两方面的经验都能做到正确理解了，那么，你自然就会获得一些为人处世的经验和能力。

当然，这个经验每个人的体验不同，角度各异，感受必然不同，而且由于个性不同，经历不同，为人处事的感受和能力也有不同。就像小树，有的生长得很好，有的则变歪了，步入歧途，或者有所变异。这里，区别主要在于经历和修养。经历对一个人的影响很大，这种影响主要是对心理的影响。而修养虽与经历有关，但主要在于自觉的修养。而如何对待自己的经历，应该报一种什么样的心态，也直接影响着一个人为人处世的态度和行为；是否认真生活，是否注重修养自己，以修养长智慧，提高为人处事的能力，提高生存智慧，每个人想法不一。因此，二者结合，产生不同心态和生活态度的人，也产生了不同的生活状态。——正如上面南先生所说，一个人经历过苦难，心理上有些阴影，如果不能及时纠偏，就可能步入心理的变态和不健康，对人对事，不能正视，反而容易产生一种仇恨心理，这样，自己永远因无法解放自己而越活越痛苦。相反，如果一个人能积极看待降临到自己身上的所有苦和痛，坚持走正道，相信真善美的主流力量，那么，苦难和挫败对他只是一种磨砺意志品质的考验，让他越活越强大，他的心态也越来越明朗，越健康，生活的状态，当然也会越来越好。如佛家所说"境由心造"，外在的生活，很多是我们没办法把握和改变的，但我们可以主宰自己的内心，让内心坚持正道，有所坚守，不被什么所左右，那么，就会获得无比强大的独立和力量。

现实中，我们每个人都有不满，不平，都有自己的痛苦和烦恼，所谓"成人不自在"，世上没有完全自在的人。如果一味受这些经历的影响，一味活在痛苦，或者烦恼中，或者牢骚抱怨甚至是仇恨中，那么，你的人生还会有真正的长进吗？还能活得快乐吗？你活着究竟是为了什么？你一定要想清楚。不是为了别人，也不是为了争什么长短，为了谁而争一口气，真正说来，是为了自己，如何让自己在有生之年做自己喜欢也适合自己的事，释放自己，活出充实和快乐，这才是最重要的。

《庄子·徐天鬼》中说："才智聪颖的人没有思虑上的变易与转换便不会感到快乐，善于辩论的人没有谈说的话题与机会就不会感到快乐，喜于明察的人没有对别人的冒犯与责问就不会感到快乐，这都是因为受到了外物的局限与束缚。"而人，真正的快乐在哪里，也许他自己也不知道了。就像一个一直追求名利的人，当他得到名利后，才发现，也许他需要的不是这个。为什么以为自己需要是这个，是因为心为物迷，失去自我了。

所以，无论什么时候，都不要为什么事或者什么人所左右，而是不失自我地活着，活自己的人生。学会舍得，放下，包容，不做无谓的执著，放下所有的包袱，真正解放自己，学会顺其自然地活，不断修养自己，善于为人处世，让自己越活越简单，越活越快乐。人生应该是这样过的。

这个世界本不完美，人生也有遗憾，人无完人，所以，对于任何人，任何事，都不必苛求，做到尽心尽力，问心无愧足矣。对于那些看上去不顺眼的，也让人窝心窝火的事，不必太认真，学会糊涂，要有点儿差不多主义。所以，古人说："人情世态，倏忽万端，不宜认得太真。"孔子说："已经完成的事不要再说，已经做过的事不必劝谏，已经过去的事不再追究。"也就是南先生所说"物来则应，过去不留"。

当你真正明白了这个道理，说明你才真正走向成长和成熟，修养在提高，智慧也增长了。

□说话要说到点子上

南怀瑾解释说:"不要随便开口说话,只是说当说的,说过便休,不立涯岸。不可多说,亦不可不说。"也就是说,说话要说到点子上,而不是絮叨没完。

语言其实不过是一个表达的工具,但语言是否真正能表达出完全的意思?这还是个问题。古人所谓"书不尽言,言不尽意",就是说语言的局限性。所以,对于语言,要有正确的认识。尤其是说话,我们经常说,表达能力很重要,从小到大,家长们从早期教育就开始抓孩子的表达能力。这固然是件好事。语言表达确实可以反映出一个人的素质和能力,但是也不尽然——因为有些人,智商很高,但也许只是不善于说话,或者他认为,脑子里有就可,不必那么急着表达出来;真本事有即可,不必一定自我语言上炫耀。

而且,往往由于"祸从口出",使语言在起表情达意作用的同时,也产生了不少是非祸患。所以,对于语言,一定要慎重利用。不是说得越多越好,也不是自以为口才了得,滔滔不绝就见得有好处。有时,说得越多,越暴露自己,于自己不利;相反,说得越少,越见智慧,越安全。老子说:"大音希声","智者不言",就是说明口若悬河的危险性,说明沉默的智慧和力量。

有口才固然是好事，但如果利用过分，让人不舒服，就成了坏事，甚至给自己引来口舌是非。比如，现实中，有些人自呈口才，喜欢卖弄，动辄口若悬河，滔滔不绝，喜欢评头论足，纵使无意，也往往容易招来口舌是非，给自己也带来麻烦。有些人，是专门飞短流长地搬弄是非，或者口蜜腹剑，或者夸大其词，搬弄是非，巧言令色，小人行径，此种话，此种人，就更要留意。还有些人，争一时意气，不肯在嘴上吃亏，于是得理就喜欢与人拌嘴，或者辩论，争一时口舌之长短，往往不得结果，也显得自己缺少涵养，公众形象打了折扣，实在是不值得。有些人，口才不错，但在与人交流时，只顾表现自己，侃侃而谈，发表自己的观点，而不顾及对方的感受，也不给对方表达的机会，纵使他说得天花乱坠，口吐莲花，但对方一次还可以，对你表示尊重，但时间长了，不仅听不进你的话，也失去与你交流的愿望。所以，交流中有学问，要讲方法，不是滔滔不绝说，一味推销自己就对，说得越多，有时反而起反作用。不仅越说越乱，失去重点，还会引人讨厌。

所以，话不是不说，也不是一定要多说，最重要的是要说到点子上。

孔子不仅认为"巧言令色者鲜矣仁"，而且他还说："可以同他谈却不同他谈，易失人；不可以同他谈的同他谈了，是失言。聪明人能努力做到：既不失人，也不失言。"这里指出，说话是要有艺术的。既要分对象，也要分时机，否则，起不到作用。

孔子还讲过"讷于言"、"慎于言"，认为与"巧言令色"者相比，讷于言反而显得更加真诚厚道，显得更可贵。而"慎于言"，则更是一个人修养的必须。俗话说："人心隔肚皮"，又说"逢人只说三分话，未可全抛一片心"，就是说世象人心复杂，对于你不了解的人，不要随便说话，更不要透露表白心迹，以免为人利用，或者引起是非祸患。"病从口入，祸从口出"，就是这个道理。

而老子呢，主张与世无争，甚至最好不要说话，认为真正有智慧的人，往往是沉默寡言的。所谓"大音希声"，平时最好不显山露水，不到时机时，说也没用；到时机时，再说，这就是"不鸣则已，一鸣惊人"。古人又说："名正言顺"，就是说一个人说话要谨慎，不能乱说的。不仅要分清时空环境，分清对象，见什么人说什么话，而且还要注意说的话是否合自己的身份，是否冒犯了别人，是否越轨，让人不舒服生疑了。

事实上，你不在那个位置上，没职没权，行动能力差，或者行动也不能起到实效，纵使你凭仗义说出了该说的话，也是不会起到多大作用的。不仅由于"名不正言不顺"，还往往因为"人微言轻"，这样看来，话也是有名分，有阶层的，不是平等的。不是你认为应该如此事实就当如此的。现实往往很复杂，不仅有事理在，而且事理往往受人的左右，这个人，主要是当权人物。

所以，古人说"名不正，言不顺"，今天，也同样如此，所以，即使是正义的话，也不是什么时候，以为正确，有真理性，"放之四海而皆准"，就可以大放厥词的。

《战国策》上记着范雎见秦昭王的一则故事。

一次、两次，秦昭王向范雎请教，但范雎就是不说话。为什么呢？因为他发现秦昭王与他谈话时心不在焉，而他要讲的是一套使秦国富强称霸的大道理。他认为，秦昭王的这个态度，即使他说出来了，也不会引起他的重视，起不到作用，所以，认为讲出来也无益，这样，就不如不说。

直到第三次，秦昭王单独会见他，看上去态度诚恳了许多，而且精神也专注了，是诚心并虚心地向他求教。然后，范雎才说出了自己藏在心中已久的那套治国方略。

果然，他的一席话，深深打动了秦昭王，起到了效果——秦昭王立即封他为宰相，让他辅国执政。这就是说话的艺术，像范雎这样，如孔子所说，是真正做到了说话既不失人、又不失言，这才是智者说话的策略。

□谦退为上策

汉文帝的母亲，为了让儿子免遭吕后的妒嫉和陷害，请求刘邦让儿子到边疆去，结果保全了儿子，最终登上皇位。南先生在说到她时，说：她的聪明，正合于孔子所说"贤者避世，次者避地"的道理。事实上，她是有文化、有教养的一位贤母。她喜欢读《老子》，对老子的道家哲学有认识，懂得谦退为上策。因此，她达到了愿望，跟着儿子刘恒到北方，成了代王的太后。但却没有想到她的儿子后来居然做了皇帝，她也正式被尊为皇太后。

南先生在讲到那段历史时，说了这位母亲的智慧：

刘邦的媳妇吕后，从小个性骄纵，到了中年，丈夫刘邦打下天下，做了皇帝，自己也跟着做了皇后。这个从有钱的吕家嫁过来的大小姐，那种心情，更是志得意满，不可一世了。

但她是聪明人，担心自己只有一个儿子刘盈，依照传统宗法社会的惯例，理当做太子，将来继位做皇帝，管理刘家天下的财富。偏偏刘邦又特别宠爱另一个妃子戚姬，还想把她所生的儿子如意立为太子。这对吕后的威胁太大了,真是又气又恨。她想尽办法,最后请教于张良,总算请来"商山四皓",保住了儿子的太子地位。但由于刺激,造成她的恐惧、怨恨、妒嫉等错综复杂的心理变化。加上她正在女性更年期前后,由生理影响更促使她心理变态。

所以刘邦一死,她就更加慌张,儿子又小,朝中和刘邦一起打天下的大臣还不少,不一定都靠得住,对她也不一定服气,自己势孤力单。怎么办?当时那个朝廷局面太紧张了,只有哭。

幸得张良有个孙子名辟强的,虽然只有十五岁,但见解聪明,犹如他的祖父。他为陈平出主意说:"太后现在最怕的是你们一班老臣,那继位做皇帝的儿子又小,如果你们把她娘家的兄弟都封到了重要职务位,她心里就比较踏实,就好办了。"因此,吕氏娘家的兄弟们,就一举把握了朝政。后来所形成的"政治心理病变",也是够可怜的。

吕后的个性造成后代的悲剧,内斗不已,不但制造家族人伦惨剧,对刘邦"马上得之"的天下,亦无法治之,对汉朝初期的政绩毫无建树。

刘邦死后,吕后临朝称制,这中间前前后后二十年,除了汉室王朝宫廷在内斗以外,刘汉王朝初期的政治、社会、文化、教育等方面,都没有什么特别的建树。汉朝真正奠定立国基础的,应该是从汉高祖的小儿子刘恒开始,就是汉文帝。这个阶段,正是公元前一七九到一五八年。

刘邦的中子,代王刘恒,就是历史上认为宽厚、仁慈、节俭的好皇帝——汉文帝。在汉朝政治中,刘恒和他的儿子汉景帝刘启,被推为"文景之治"的仁政好榜样。其实,刘恒与他的父亲刘邦,在一起过着宫廷生活的时间不长,而且也没有得到刘邦的好好教育。何以后来他成为一个汉代开创守成的好皇帝呢？除了命运之外，还是得力于母教的影响，才有后来的成就。

汉文帝刘恒的母亲，姓，她薄原本是南方的吴国人。一个偶然的机会，刘邦看见她，就很喜欢，把她提升到内宫来，作为自己的妃子，封她为薄姬。生个儿子，就是刘恒。刘邦当了皇帝，刘恒只有八岁，就被封为代王。

薄姬母因子贵，抓住机会，认为儿子太小，封王守边境，不放心，就恳切请求刘邦，要跟着儿子去代北。其实，她早已看透了汉室的宫廷，矛盾太大，又怕吕后会谋害她的儿子，所以想远远避开。边防要塞虽然苦寒危险，但比起在宫廷的危机，就平安得多了。

由此，我们看到她的眼光和聪明。作为一个有文化教养的母亲，他通情达理，能说服皇帝，按照自己的意愿做人做事。作为一个有修养和眼光的人，她不与人争一时长短，而是放大眼光，远避纷争，以退为进，体现了一种高明的智慧。所以，她能教导出一个好皇帝，一点都不奇怪。

我们常鼓励人要积极进取，迎难而上，面对别人的挑战，我们也是以大胆迎敌，以勇为上，从来不教导人回头退步。而事实上，有时，一味高歌猛进，反而会遇到阻碍；迎头而上，可能暴露自己，反而容易腹背受敌。

并不是所有的成长都是一路向前向上的，成长也不是一直一帆风顺的，而真正的成长和进步，往往是伴随着曲折和反复，挫折和冲突的。所以，不能一味地高歌猛进，那样，可能会因为不踏实，或者因为盲动，因为思虑不周而遭受到更大的失败。就像行走需要休息，前进也需要走走停停，需要调节，需要停下来，沉淀一下自己，获得一种新生，然后重新上路，才会越走越扎实，越有力；而且，不能只是前进，有时，需要后退一步，需要以退为进，讲究策略和方法，这样，才能退一步，进十步，取得事半功倍的成长和进步。

一个人如果自以为聪明，或者能干，凡事积极争取，不知谦让，不知礼让，那么，纵使有能力，但也可能得不到机会；而一个从不与人争锋，为人处世谦和的人，往往能得到人心，得到支持，纵使能力一般，也更易得到机会。也就是说，很多情况下，不是你积极争取，就一定能得到的。尤其当一个人的能力有目共睹，或者已经业绩骄人时，就更不宜骄傲外露，积极表现了，这样反而会适得其反。

在为人处世上，也是同样的道理，一个人，如果一味凌厉待人，显示出十足的强势，那么，会让人感觉不舒服，也会避开你的锋芒，因为你的难接近，或者太苛求，拒人以千里之外，从而疏离你。

因为人都有自尊心，也都有妒嫉心，所谓"恨人富贵笑人穷"，这是一般人普遍的心理。毕竟有德有修养的人是少数。所以，为人不能骄傲外露，一定要学会谦卑自处，更要懂得礼让。这不仅是一种修养，也是一种智慧的生存之道。古人早就认识到这一点，所以老子主张"守柔示弱"，学习水，"以柔克刚"，要善于藏拙，"与世无争"，"自然无为"，抱残守缺，以退为进，以做到"无为而无所不为"，这是一种深刻的智慧。古代高人在不遇时韬光养晦，潜居抱道，以待其时，当时机到来时，才行动出手；他们选择隐居，结果往往更引起世人的注意，所谓"终南捷径"，就是这个以退为进智慧的总结。更有那些通过奋斗，身居高位的，认识到高处不胜寒和宦海浮沉，朝不保夕的道理，从而选择急流勇退的。如张良帮刘邦打下天下后，选择功成身退；曾国藩大破太平天国后，请辞兵权，以小心谨慎，如履薄冰为生存之道，等，所有这些，表现的不只是对于成败荣辱的淡泊寡欲，更显示出一种谦卑退让，以退为进，明哲保身，持盈保泰的智慧。

庄子对弟子们说："我将处于才与不才之间。才与不才之间，这是最好的位置。但其实也不尽然，因为这样也难免会有祸患。而如果能顺应自然，浮游于世间，就不会有祸患。没有美誉，也没有侮辱，时现时隐，如同龙如蛰，顺时令变化而变化，时进时退，顺其自然。神游于无为之境，主宰万物却不为外物所役使。这样怎么会有祸患呢？这是神农和黄帝的处世之道呀！如果按事理和人情就不是这样。有聚就有散，有成就有败，太刚会遇挫，太尊会被倾，有为会受损，有贤能会被谋算，无能也会被欺侮。所以，怎么可以偏执一端呢？可悲呵！弟子们记住，处世要顺应自然。"

的确，有时，为人处世，差不多主义，不妨糊涂些，甚至是无所谓态度，追求自然无为，也许是最好的，也是最智慧的选择。

所谓"冲而用之或不盈，渊兮似万物之宗。挫其锐，解其纷，和其光，同其尘"，追求持盈保泰，只有明哲善于保身，促全其名节，安养一生，不为人为物所役使。

《易经》提出"月中则昃，月盈则亏"的道理，天地间万事万物都盛极而衰，物极必反。所以做人做事，最重要的是要守中道，中正中庸，站在中间，不走极端；不失分寸，明白适可而止，量力量度而为，分寸而行。否则适得其反。既要有最美好的向往，但也不要期望值太高，免得失望；在执著努力的同时，也要有所预测考量，不做无谓的执著和努力，因为很多事勉强不来，尽力而为即可。

人在平安无事时，要保持自己的清醒头脑，防患于未然。汉成帝在游后花园时，想与班婕妤同车。班婕妤却辞谢说："看古人的图画中，圣贤的国君，都有富名望而贤明的臣子陪在身边；三代（夏、商、周）末世的君主，才有宠幸的臣妾在侧。现在君主与我同乘一部车，难道不是与他们相似了吗？"

太后听了此话，很高兴地说："古代有贤惠的樊姬，现在有班婕妤。"

后来赵飞燕谗毁班婕妤说她诅咒后宫，甚至也咒骂皇上。成帝于是就查问班婕妤，她回答说："臣妾听说：死生由命，富贵在天。自己的德性修养端正，都无法蒙受上天所赐的福分；去做一些邪恶不正的事，又能指望得到什么？假使鬼神有知觉，它们一定不会接受奸邪谗佞的诉论；如果没知觉，告诉它们又有何用呢？所以我是不会做这种事的。"

成帝听她说得理，就赦免了她，并赐黄金百斤。飞燕善媚又多妒，班婕妤恐怕迟早受害，于是请求到长信宫去陪侍太后。以此躲过后宫的陷害，实在说也是很有清醒认识的，所以她能采取了谦退为上的策略。

面对人生得失成败，面对贫富穷通，都能懂得调节自己，不走极端，永远保持有弹性空间的范围内，把自己调节到最佳状态——也即是有分寸的，有余地的状态。绝不走极端，不走偏锋。得意时尽量不忘形，失意时不气馁自弃；富贵时不耽耽沉溺，失去自我，不能自拔，贫穷时不失志节，不失生活的热情和格调，不抱怨不生恨，而是乐天知命，永远保持积极向上的姿态，并能自娱，自得其乐。无论穷通，保持谦虚谨慎，终究是一种上策，也是一种为人应有的修养和风度。

□曲则全

南怀瑾先生说：所谓君子，"真而不挺"，像一棵树一样，世界上的树都变下去，只有这棵树是直的，但这棵树也很危险，容易被人砍掉，所以虽然直的，但有时软一点而并不弯曲。自己站住。站住后，在这处时代也是很难处的，不愿意跟大家一起浮沉，就显得特别，特别了就会吃亏，还要配合大家，但配合大家，和大家一样又不行。在"曲则全"的原则下，必须保持着一贯的中心思想。所以，真正直道而行的人，就"大直若屈"。

老子说："曲则全，枉则直，洼则盈，敝则新，少则得，多则惑。"是说能柔曲因应，才能成全保全自我。你看圆行不止，可以滚来滚去，而方的呢，就容易停住了。你看水，为什么能流行不止，不论高山，还是平地，它都能顺势而行，永远保持着柔顺，但是它没力量吗？看似小小细流，但却能"水滴石穿"，遇到急流，也可以咆哮如雷，其声势和力量足撼人。所以，老子说："上善若水"，说明水的智慧和力量所在。

而"曲则全"，就是由水的智慧而引申出的另一个观点。所谓"曲径通幽"，往往太直了，没有办法达到最佳处。平常说话办事也是一样，有时说得不能太直接，需要婉转而行。这就是说，要注意方式方法，不是直截了当的就好，不是你一心好意诚心，就可感动大家，就能一定办成好事。世事和人心都复杂多变，所以，做人做事也应顺应之而采取多变的策略和方法。

在为人处事上，同样如此，你不能一味耿直生硬着来，太直了会伤心，尽管也许是好心，但好心不注意方法，就会办成坏事，费力不讨好。这就是历来那么多忠直之士，为道义而直谏，不注意方式方法，结果反遭误解，或被奸臣所害，实在是不值得。毕竟，舍生取义的举动，一般情况下还是不要有，因为如果有生命，也许可以做出更多有意义的事情。愚忠不必要，聪明智慧需要有。

南先生说："直而无礼则绞"，有些人个性直率、坦白，对就是对，不对就是不对。当升官的或当长辈的，有时候遇到这种人，实在难受，常叫人下不了台。老实说这种阳性人，心地非常好，很坦诚。但是学问上要经过磨炼、修养，否则就绞，绞得太过分了就断，误了事情。

所以，懂得适当弯曲的道理，不仅是一种策略，也是一个人为人处事应有的一种修养。不是光有好心或者一腔勇气就能做成好事，也让人说好的。可见为人处事的智慧有多重要。

孔子说：有六种好品德，但如果不好学深思，加强修养，就容易带来六种弊端：心地仁厚，流弊是易受人愚弄；广知博览，流弊是四处涉猎而无所归宿；轻信的流弊是滥用心计或妄触法网；太直率的流弊是容易伤害人；一味勇敢的流弊是闯祸；一味刚强的流弊是胆大妄为。只有不断学习，才能发扬六种好品德而克服六种弊端。

在这里，直率和直勇就是说话办事不过脑子，不注意弯曲和方法的人。纵使你说得再对，再聪明，也往往因为说话办事不注意对方的感受，不注意方式，而容易归于失败。三国时，直率而骄傲的杨修，就是一个典型的例子。

曹操出兵汉中进攻刘备，困于斜谷界口，欲要进兵，又被马超拒守，欲收兵回朝，又恐被蜀兵耻笑，心中犹豫不决。

此时，正碰上厨师进鸡汤。曹操见碗中有鸡肋，因而有感于怀。正沉吟间，夏侯惇入帐，禀请夜间口号。曹操随口答道："鸡肋！鸡肋！"惇传令众官，都称"鸡肋！"行军主簿杨修见传"鸡肋"二字，便教随行军士收拾行装，准备归程。

有人报知夏侯惇。惇大惊，遂请杨修至帐中问道："公何收拾行装？"杨修说："从今夜的号令来看，便可以知道魏王不久便要退兵回国，鸡肋，吃起来没有肉，丢了又可惜。现在，进兵不能胜利，退兵恐人耻笑，在这里没有益处，不如早日回去，明日魏王必然班师还朝。所以先行收拾行装，免得临到走时慌乱。"夏侯惇说："您真是明白魏王的心事啊！"就也收拾行装。于是军寨中的诸位将领没有不准备回去的事物的。曹操得知这个情况后，传唤杨修问他，杨修用鸡肋的意义回答。曹操大怒："你怎么敢造谣生事，动乱军心！"便喝令刀斧手将杨修推出去斩了，将他的头颅挂于辕门之外。

杨修凭借自己的才能而对自己的行为不加约束，屡次犯曹操的大忌。一次，曹操造了一所后花园。落成时，操去观看，在园中转了一圈，临走时什么话也没有说，只在园门上写了一个"活"字。工匠们不了解其意，就去请教杨修。杨修对工匠们说，门内添活字，乃阔字也，丞相嫌你们把园门造得太宽大了。工匠们恍然大悟，于是重新建造园门。完工后再请曹操验收。操大喜，问道："谁领会了我的意思？"左右回答："多亏杨主簿赐教！"曹操虽表面上称好，而心底却很忌讳。

有一天，塞北有人给曹操送了一盒精美的酥（奶酪），想巴结他。曹操尝了一口，突然灵机一动，想考考周围文臣武将的才智，就在酥盒上竖写了"一合酥"3个字，让使臣送给文武大臣。大臣们面对这盒酥，百思不得其解，就向杨修求教。杨修看到盒子上的字，竟拿取餐具给大家分吃了。大家问他："我们怎么敢吃魏王的东西？"杨修说："是魏王让我们一人一口酥嘛！"在场的文臣武将都为杨修的聪敏而拍案叫绝。而后，操问其故，修从容回答说："盒上明明写着'一人一口酥'，怎么敢违抗丞相的命令呢？"曹操虽然喜笑，而心头却很讨厌杨修。

曹操多疑，生怕人家暗中谋害自己，常吩咐左右说："我梦中好杀人，凡我睡着的时候，你们切勿近前！"有一天，曹操在帐中睡觉，故意落被于地，一近侍慌取被为他覆盖。曹操即刻跳起来拔剑把他杀了，复上床睡。睡了半天起来的时候，假装做梦，吃惊地问："是谁杀了我的侍卫？"大家都以实情相告。曹操痛哭，命厚葬近侍。人们都以为曹操果真是梦中杀人，唯有杨修又识破了他的意图，临葬时指着近侍尸体而叹惜说："不是丞相在梦中，是你在梦中罢了！"曹操听到后更加厌恶杨修。

曹植爱慕杨修的才华，经常邀请杨修谈文论史，终夜不停止。曹操与众人商议，想立曹植为太子。曹丕知道这件事情后，秘密地请朝歌的长官吴质到他家里商议，因为怕有人觉察到，就把吴质藏在大簏子中，只说是绢匹在内，拉到自己家中。

得知此事后，杨修径直来告诉曹操。曹操派人到曹丕的家中秘密观察。曹丕惊慌地告诉吴质。吴质说："不要担忧，明天再用大簏子装上绢还进家来迷惑他们。"曹丕按照吴质的话，又用大簏子载了一些绢进家。曹操的使者搜查簏子中，果然是绢，就回报曹操，曹操因此怀疑杨修谮害曹丕，更加讨厌杨修。

曹操想试试曹丕和曹植的才华。一天，命令他们哥俩各出邺城的大门，却私下里让人吩咐看大门的官吏，不让他们放这哥俩出去。曹丕先到大门前，看大门的官吏阻拦他，曹丕只得退回。曹植听说后，向杨修请教怎么办。杨修说："你奉了王命出大门，如果有阻挡的，就把他斩掉即可。"曹植听信了他的话，等到了大门，门吏阻拦住他，曹植大声叱骂他说："我奉王命出门，看谁敢阻挡，立即斩了拦他的官员！"于是曹操认为曹植有能耐。后来有人告诉曹操说："这是杨修教曹植这么干的。"曹操大怒，因此也不再喜欢曹植了。

杨修还曾经为曹植作答教十多条，只要曹操问问题，曹植就依照一条一条地回答。曹操只要拿军事大事问曹植，曹植对答如流。曹操心中特别怀疑。后来曹丕暗地里买通了曹植左右的人，偷了答案来告诉曹操。曹操见了大怒说："这小子哪里敢这样欺骗我！"这时就产生了杀杨修的心思，就此，正好借惑乱军心的罪名杀了他。

对于杨修的死，后人有诗说道："聪明杨德祖，世代继簪缨。笔下龙蛇走，胸中锦绣成。开谈惊四座，捷对冠群英。身死因才误，非关欲退兵。"

这就是直率骄狂惹的祸，世人当警戒之。

孔子说"文质彬彬"，就是说君子应该斯文，但又有生动、生趣。既有文化，有修养，又真诚厚道，这样才不失为可爱。

老子认为，人们之所以痛苦，就是因为争胜好强，凡事想出头，精神机巧过了头，刚强过了分，如果大家淳朴诚实，温柔淳厚，不争礼让，那么生活就会安适幸福得多。还是很有道理的。

一个人要善于藏拙，无论穷通，这样才能保全自己。

清朝的中兴大臣曾国藩，在做官上是很有智慧的。其核心就是韬光养晦，心怀淡泊，功成身退。梁启超曾评价曾国藩："文正深守知止知足之戒，常以急流勇退为心"，十分精当。

1864年（同治三年）六月，曾国藩面临着人生的重大选择。其时，湘军克复南京。曾国藩的旗下，拥兵30万，已然占据了中国的半壁江山。湘军是曾国藩一手培育起来的。其实就是曾国藩的子弟兵。此时的曾国藩已统帅江苏、安徽、江西、浙江四省军务，四省巡抚、提督以下文武官员都归曾国藩节制。在清朝统治内外交困之时，曾国藩力挽狂澜，剿灭了太平天国这个清政府的心腹大患，于是，他成为满清入关以来持权最大的汉族官员，此时的曾国藩，足以"功高震主"了。

曾国藩的部属幕僚，如曾国荃、彭玉麟、赵烈文等人以及研究"帝王之学"的学者王闿运等，都竭力劝进。有的说，"王侯无种，帝王有真"；有的说，"用霹雳手段，显菩萨心肠"；有人更直截了当地说："东南半壁无主，我公岂有意乎？"这些话也不无道理。早在咸丰帝临死之时，其有遗言，说"克复金陵者王"，但是，慈禧太后管束下的年幼同治帝，只给了曾国藩一个"一等毅勇候"，而且，同治帝还下诏，要求曾国藩和各级将领，从速办理军费报销，催命一般要求从速复命，这无异于过河拆桥。因此，曾国荃、彭玉麟等人便秘密活动，力劝曾国藩不如反了，坐了天下。他们曾约集30余名高级将领深夜请见，要曾国藩"速作决断"，但曾国藩不为所动，他没有说什么话，只写下"倚天照海花无数，流水高山心自知"一联，算是作答。

曾国藩是一个儒家君子，熟读四书五经，功高招忌，狡兔死、走狗烹的道理不难明白。但遍观古今人物，能真正能把握其要义又能做到的，少之又少。史书上多少权臣，都因为不懂得功成身退而身败名裂。曾国藩在家守孝之时曾研读《道德经》，并在该书扉页上写道："大柔非柔，至刚无刚"。他写过的不少对联，也抒发了自己的心志，如："战战兢兢，即生时不忘地狱；坦坦荡荡，虽逆境亦畅天怀"，"功名之地，自古难居"，"人又何必占天下之第一美名哉？"，"天下无易境，天下无难境；终身有乐处，终身有忧处"。

志得意满，功成名就的曾国藩审时度势，毅然决然地选择急流勇退，低调为人处世。他进南京之后，立即办了3件事。一是盖贡院提拔江南人士；二是建造南京旗兵营房，请八旗兵南来驻防；三是裁撤数万湘军。他上折给清廷说，湘军打仗的时间很长了，且"无昔日之生气"，奏请裁汰遣散。曾国藩的意思是清楚的：本人无意拥军。同时，曾国藩在奏折中对他个人去留也只字不提。他深知，此时无论进退，都会产生各方猜忌。但是，他却替他的弟弟曾国荃"专折"，奏请开缺回籍养病，朝廷立即恩准了。曾国荃急功贪财，对这个弟弟，曾国藩最不放心。他曾对曾国荃说："古来成大功大名者，恒有多少风波，多少灾难，谈何容易？愿与弟兢兢业业，各怀临深履薄之惧，以冀免于大戾。"曾国藩还曾题诗一首，既为告诫兄弟，亦为自勉，此诗相当有名：

左列钟铭右谤书，人间随处有乘除。

低头一拜屠羊说，万事浮云过太虚。

曾国藩常怀临深履薄之惧，自削兵权、自去利权、斩杀羽翼，以释清廷之疑，终于换回信任，也换得了曾家后代的平安。1872年3月12日（同治十一年二月初四），曾国藩病逝。据说，当日曾国藩"午后散步署西花圃，突发脚麻，曾纪泽扶掖回书房，端坐三刻逝世。"无疾而终，可谓人生之幸。

□受辱不怨的风度

南先生在讲到韩信的历史时，说：韩信没有得志以前，不但要受市井无赖的胯下之辱，而且饥饿时，想吃一口饭都不容易，没有人理他，只有一个不知姓名的洗衣服的老太太，可怜他的遭遇，把自己带出来的饭包施舍给他，让他吃了一餐饱饭。后来，韩信功成名遂，当了齐王回到故乡时，不但没有报复那个叫他爬在裤裆下的无赖少年，反而鼓励他，感谢他。同时，他又寻访那个施舍给他一个饭包的洗衣妇人，但始终没找到。于是，韩信只好把千两黄金，投在当年那个洗衣妇洗衣服的那条河里，表达他无限的谢意。这是历史上有名的韩信以千金投河，感谢漂母一饭之恩的故事。南怀瑾先生说：韩信具有含垢忍辱，受恩必报，受辱不怨的气度和性格，这也正是他一生事业成功的主要条件。

可见，韩信之所以能成功，不仅是因为有能力，还更在于他的胸怀宽广，知恩图报，更有以德报怨的风度。

人生在世，难免遭受来自别人的误解、委屈，甚至是侮辱陷害，如果你为此耿耿于怀，心生仇恨，还要以牙还牙，给予报复，就算最终能一雪耻辱，而结果也不能真正得到快乐。为什么？因为你活在仇恨中，不能放松自己，当然没有快乐。所谓"冤冤相报何时了"，人间的情仇，总是在煎熬着世俗人们的心，让人们本来纷争烦恼不断人生更增加几分痛苦，这又何必呢？

其实，人无完人，没有绝对的好人，也没有绝对的坏人。人都要犯错误，应该给他一个机会改正。当然有些错误是致命，后果严重的，造成的遗憾是终生的。即使如此，也不能因此记恨他一辈子，不能原谅他——事实上，人都有自尊上进心，心中都有道德心，都有良知，即使不对他施以惩罚，犯错的本身，就已经能够让他的内心接受无尽的煎熬和痛苦了。作为一种规范的工具，法律不得不存在，但只是一种手段，真正的目的还在于知错就改，改过自新，能够产生修养自己，提高觉悟的认识；同时，也需要别人对他的教育和谅解。唯其如此，才显出这个世界的温情和力量。

所以，人与人之间如果生些嫌隙，没必要把他定性，也没必要生上仇恨，而应该学会宽容，谅解，是原谅对方，也是解救自己——把自己从那种不平衡的心理中解放出来，放松开来，该干什么干什么去，这样，反而能产生一种力量，而且也会在这种力量中感觉到自己在成熟了，修养提高了，感觉到自己是多么的了不起呢！每一个人，当与他人的关系出现问题时，应该多从自己身上找原因，而不是推卸自己，问责于别人。因为苛求于人，让自己失望了，所以转而生恨。这是最不应当的——你有什么资格要求别人一定对得起你呢？有什么资格要求别人一定就对你好呢？纵使是他的不是，也许是他出于无心，一时糊涂；即使出于有意为之，居心不轨，甚至属于小人行径，那也没必要就得理不饶人，抓住不放，并将他定性为坏人，从此绝交，从此老死不相往来。

人与人机缘难得，相逢就是缘，做人应该有善始善终的原则，无论对谁，都不要轻易得罪，不要轻易下结论，而应该友好相待，善解人意。世界说起来很大，但其实又特别小，你敢保证你们没有下次的相遇和机缘吗？所以，不如心怀宽广，包容别人，而且也学会忍耐平心，以德报到怨吧。这不是软弱无能，而是一种做人的修养，体现出一种高姿态的风度，也是一种生存的智慧。

都不想吃亏，都去争一时之长短，那么这个世界将永无宁日。所以，重要的是修养和气量。成就非凡的人，无不是有宽广胸怀，有容人之量，并能以德报怨，不断征服他人，最终成就自己的人。

唐朝的娄师德，是世家公子，祖父历代都做大官，这家人很有为官之道。

有一年，他弟弟要到代州去当太守了，临行前，他嘱咐弟弟说："我们娄家屡世余荫，所以难免被人说道。你出去做官，要认清这一点，遇事要能忍耐。"

弟弟说："这我懂得，你放心吧。就是有人把口水唾到我的脸上，我也不表现出生气，而是自己擦掉算了。"

娄师德说："这样还不行。"

弟弟又说："那就让它在脸上自己干掉。"

娄师德说："这才对了。"

说得虽然有些让人心中不忿，但毕竟说明了做人要懂得忍耐，甚至是忍辱的道理。不要为自己树敌，对于别人的冒犯和戟，以守为上，以德抑怨，忍别人所不能忍，行别人所不能行之事，这样才能最终战胜和自己过不去的人，最终获得胜利。

明代的张岱说得好："做事第一要耐烦心肠，一切蹉跌、蹭蹬、欢喜、爱慕景象都忍耐过去，才是经纶好手。若激得动，引得上，到底结果有限。"做事要耐得住烦，做人同样如此，否则难以成事，更难以征服他人，无法安身立命，更何谈齐家治国？

忍，看似软弱，不反击，但其实，是一种巨大的力量。这种力量首先从内心上对自我的一种克制和战胜，由此突破了自我，并提高了修养。心理承受力提高了，内心的能量和张力也提升扩大了。所以，忍，成了一个人最重要的修养。有了它，很多事情，很多人，自己就能应付自如，而不会因为忍耐而难受纠结——因为他真正把忍耐当成了一种对自己意志和品质的自觉磨砺，当成了一种必需的修养来做，所以，他不觉得忍辱是耻辱，是窝囊，是软弱，相反，他会在这里得到对自己的最大突破和提升，提升的不只是心理的承受力，能量，更有为人处事的智慧。有智慧的人，当然力量就更大了。

佛家也把"忍"当作最大的修养功夫。在忍辱中持戒修持，在忍辱中精进不已，超越自己，度化别人。在他们眼里，世人没有高低贵贱，没有君子小人，好人坏人之别。芸芸众生，只要不失本性，自性不改，都有佛心，都可得度，都可成佛。

当然，这不是说对于任何进攻都不还击，而是说，凡事不要冲动，要能忍，不要争一时之气，不要与人轻易结怨。但对于原则上的问题，一旦有所冒犯，当然是有必要勇敢地迎接挑战，及时还击，要争取胜利的。

□对落花的不同态度

南怀瑾先生说：同样看到落花的态度，不同性格的人，就有不同感受。而且有不同的处理方式。《红楼梦》中林黛玉看到落花，就葬花，并感伤地说下葬花名句："侬今葬花人笑痴，他年葬侬知是谁？"此之为林黛玉！怎么不生病呢？怎么不那么痴迷的死？龚自珍的诗就比林黛玉高明得多了，同样看到落花，他却说："落红不是无情物，化作春泥更护花。"

两种心态，两种活法，两种结果。当然，林黛玉毕竟是艺术形象，她这样多愁善感也自有她的原因，也正是她才情的一种表现。而事实上，人们也往往看到落花，会生出些惆怅之感，也属于人之常情。而龚自珍的诗，却别具只眼，以明朗而乐观的心情，写出了落花的另一面——他看到了落花周而复始的意义。

所谓心态决定行动，心态决定成功。有什么样的心态，就会有什么样的态度和行动。佛家说："境由心造"，每个人都是一个小宇宙，都有一个自己的世界，这个完全由自己的心来构造——你怎么看世界，那么世界还给你的，就是一个什么样的世界。在消极的人眼里，一切都了无生趣，活着似乎也是挣扎，了无意趣；而在积极的人眼里，日日是好日，天天有希望，每天有成长，心里一片阳光，世界也一片明媚。

当然，人生是不容易，人生也有无奈和遗憾；每个人也都有自己的痛苦，没有完全自在的人生。人生也难免孤独，可以说死生都寂寞。人生的结果是什么呢？似乎来去赤条条，一生追求的名利、地位、金钱，甚至爱情、亲情、友情，等等，都是生不带来，死不带去。这样说来，人生如佛家所说充满了苦痛，也有一种逼迫性，难以摆脱的苦。但是，这就是人生！我们没有选择，只有这么过。活着为了什么？没有人能给你一个准确的答案，所以不如说：活着就是为了活着。至于人生的意义何在？同样没人给你一个准确的意义，人生对自己是完全个性化的，自己人生的意义只有自己去找，而你是否活得成功，最有发言权的也是你自己。既然一切其实没有定论，而且我们每个人又是天下唯一的自己，对于自己的人生，我们未卜先知，所以说自己的人生，就是一张白纸，完全需要自己来描画！这样看来，人生的过程，就犹如一次新鲜的旅行，或者是登山，充满了新鲜的探索，新鲜的希望和向前的力量。所以，对于人生，最好有这样的态度。也就是说，不必问结果，也不必追问那么多意义，该怎么过就怎么过，累世累代的人都这么过，也没有个厌烦的。所以，我们也这么过——人生如果说意义，那么意义就在这个过程中。

由于有了这种心态，就不会为人生路上的困苦，挫败、失意、痛苦，穷困等所痛苦，而完全把它们视为人生中的必然，而抱以自然而积极的接受态度了。无论穷通，无论顺逆，无论成败，无论得失，一切都无所谓。让一切该来的都来吧，我无所谓，都接受；而并不放弃心中的志向和追求，保持积极向上的姿态，又能做到达观知命，顺其自然。

《庄子·至乐》中有记载着这样一则寓言故事：

庄子到楚国去，遇见一具骷髅，他有些悲伤，对骷髅说："你十分不幸，我很同情你。"

骷髅却对他说："人死后，就没有国君的统治，没有官吏的管辖，没有四季的操劳，从容安逸天长地久，即使南面为王的快乐，也不能超过。并且坚决拒绝再活过来。"

虽然这未免有些消极，但代表了庄子对死的乐观接受态度。生也接受，死也接受。生死皆能达观地接受。人之生虽然艰难，但毕竟还有生之快乐，我们还能忍受，而且能够自得其乐，所以上下求索，追求一生，乐此不疲。人生的意义就在其中。但我们必须明白，在一切愿望日益接近时，或者说，无论你是否达成所愿，我们都在向死亡走近着。这是没办法选择和改变的事情。但是，人生本就短暂，生命本有局限，人生都如是此。

如果说繁华终成空，名利都成过眼烟去，那么，我们宁愿不追求吗？不，人生的意义就在这个过程，就在追求中。作为物质的生命有限，但作为精神的生命却可以长存。古人看到这一点，所以说："人生不满百，常怀千岁忧"，"人生自古谁无死，留取丹心照汗青"，所以上下求索，追求人生"立功、立言、立名"之三不朽。就是说，正因为生命有限，才要在有限的生命中，创造一种超越了有限的一种无限的、具有普世意义的价值。

认识到这一点，就会乐观地面对生死，生也真诚，死也乐观。不以死为惧怕，而是视死如归。事实上，死就是一种归依，是人作为大自然的一分子，重归家园，没有什么可悲的。草木都是一岁一枯荣，而人的死，或许又是生的一个新的开始呢？所以，宾至如归，视死如新生的开始，未尝不是一种应该的达观态度。让一切顺应大道，人最好是顺应自然，这才是最明智的。

让我们看看庄子对于死的态度。

庄子的妻子死了，庄子却盘腿坐在地上，打盆而歌。别人看见了，实在觉得不理解。就问他："你不但不表示悲伤，怎么居然还唱起歌来了呢？你这是为什么啊？"

庄子说:"我这是祝贺她,她终于解脱了。"

你看,庄子对于死,是这个态度。他不去悲伤,而是想到了生的苦痛,以此平衡自己的心态,所以他觉得死就不那么可悲了。心爱的妻子死了,如果说一点不伤感,那是不可能的,但这则故事说明了庄子善于调节自己,乐观看待生死,实在是意味深长的。

庄子真是把死视为归的。这是道家以自然为宗为法的态度,也是庄子个人超脱物外的一种潇洒人生态度。这里不是消极,而是一种达观生存的智慧。因为这种修养和智慧,庄子展现给世人一种遗世而独立,乐观豁达,不为世俗所束缚的理想生存状态,成为后人在忙碌的俗世中修养自己而取之不竭的精神财富。

人生如梦也非梦,关键在于你是否获得了真正的充实和智慧。有此智慧,生死都能坦然面对,智慧处理。

庄子临死时,他的弟子们讨论如何安葬他的问题。庄子却说:"我以天地为棺木,以日月为连璧,以星辰为珠玑,万物都是我的陪葬。这些东西都准备好了,难道还需要别的什么吗?"

弟子们说:"我们担心乌鸦会啄食先生的尸体啊。"

庄子说:"遗尸在地上,有乌鸦和老鹰来吃,埋在地下,就有蚂蚁来吃,你们为什么如此偏心,要夺乌鸦和老鹰的食物给蚂蚁呢?"

如此坦然面对死,如此婉讽世人对于死的虚伪形式。可见庄子彻底的自然主义。他从浩瀚的宇宙中,看到了人之渺小。死到临头,还是如此幽默,而幽默中却展现出深刻的智慧,给人无限的启思联想。

□不受蒙蔽，做明白人

南怀瑾先生说：尤其当长官的，对于小话不听进去，是真正的明白人。但做明白人很难，尤其做主管，容易受蒙蔽，受人的蒙蔽，要"浸润之谮，肤受之诉"，在你面前行不通，你才是明白人，这是孔子对于"明白人"的定义。做到这一步，才会远离错失。

人的聪明是有局限的，不仅难以有自知之明，也难以有知他人之明。了解一个人不容易，有一句话叫"盖棺论定"，其实就是人死后，有时也难以对一个人下一个结论的。可见真正了解一个人之难。这是为什么？不仅因为人的人格和他的所作所为有多面性，更因了认识和做评价人的不同角度，不同眼光。所以，真正认识人难，真正客观评价一个人则更难。

人与人不同，而且在社会上往往戴着面具，要看清一个人实在不易。所以，与人打交道，确实需要多费些心思，辨识一个人，了解一个人，知道他的优缺点，他的强弱项，不仅需要了解他的主要思想，还有必要知道他的小支小节，枝枝蔓蔓，再经过时间的历练，相交既久，才可能做到对一个人有些真实的了解。与人交朋友，或者共事，都有必要了解他。

我们肉眼凡胎，在认识事物和人的问题上，总难免要出现差错。也正因为此，要真正了解一个人，变得更加不易。尤其是当领导的，有职有权，周围多巴结趋奉者，这样能听到真话的机会也不多了。所以，了解一个人就变得更加困难。为什么说领导经常被小人蒙蔽利用呢？就因为一时被巧言谗言迷惑了，遮盖了聪明明智，头脑失灵了，所以就上当了。为领导者尤其要警戒之。

如何做到不受蒙蔽？只有加强观察人，了解人，认识人的能力，而且要加强修养，明辨是非，保持清醒的头脑和独立意识，凡事客观冷静，不受他人所左右，不偏听偏信，有自己的主见和想法，这样，就会减少小人趁机而入的机会。

周宣帝的皇后，是杨坚的女儿，十分得皇帝宠爱，宣帝便任杨坚上柱国、大司马等重要官职，地位显赫一时。

看到杨坚的风头正劲，宇文氏家族的人，对杨坚十分妒忌，整天想着如何谋害杨坚，于是，阴谋一个一个地接踵而来，

因为受谗言所迷惑，宣帝也对杨坚也产生了疑忌之心，对他日益减少了信任。他怕自己的皇位不保，于是，想找个借口把杨坚干掉。

当时，宣帝有四个美姬，她们为了争宠，彼此明争暗斗，互相攻讦，有时甚至互相辱骂，闹得不可开交，宫廷为之混乱。

一天，宣帝又看到这些女人争风吃醋，就突然心生一计。要用这四个美女加害于杨坚。于是，他让四个宠姬打扮得分外娇艳妩媚，站在他的两侧。

然后，他派人去召唤杨坚进宫。宣帝对左右武士说："如果杨坚进来神色有什么变化，你们就立即把他杀掉。"

不料杨坚上殿，神色没有任何变化，始终一脸正气，目不斜视，对于宣帝身边的四个美女，几乎是视若无睹。宣帝没有办法，只好让他退出。

大象三年，宣帝因荒淫过度而死，他九岁儿子宇文衍即位，杨坚入朝主政。

宣帝的弟弟汉王宇文赞早就想当皇帝，上朝听政时，常与杨坚同帐而坐，想借此争权夺利，杨坚对此非常恼火。

杨坚知道宇文赞是个酒色之徒，就选了几个漂亮的姑娘送给宇文赞，宇文赞不知是计，就满心欢喜地接受了。从此，在酒色生活中，他的权力欲望日益减退了。甚至还搬回了王府，天天与美女娱乐玩耍，不问政事。

这样，杨坚没有了政敌，于公元581年7月14日称帝，建立了隋朝。

宣帝虽看到杨坚的野心，但终是容易受人所左右，不能坚持自己的主见，对于杨坚没有做到彻底的辨识，致使杨坚的力量得以壮大。而宇文赞虽有野心，但他的弱点被杨坚所窥破，使用美人计，没费什么力气，就把自己的对手打败，不能不说杨坚对人的认识能力。而他的抵御能力也非同一般，所以，最终成就大业。

可见，作为领导人，不仅要有识人之术，更要有防人之术；不仅要善于在对手面前伪装，更要善于避实击虚，如此才能更好地用人成事。

□善用恕道征服人心

南怀瑾先生在说到三国的曹操时,说他善用恕道,所以最终能成就霸业。

南先生说:曹操还没壮大起来的时候,初与袁绍作战,情势岌岌可危,他的部下没有信心,认为会打败仗。很多人都和袁绍有联络,脚踏两只船,以便万一情势不对时,可以倒过袁绍那边去。

他们往来的书信资料,曹操都派人查到,掌握在手里。后来仗打下来胜利了,曹操立即把这些书信资料全部毁了,看都不看,问更不问。

有人对曹操说:"这些人都是靠不住的,应该追究。"

曹操说:"跟我的人,谁不是为了家庭儿女,想找一点前途出路?在当时是胜是败,连我自己都没把握,现在又何必追究他们呢?我自己信念都动摇,怎能要求他们?如果追究下去,牵连太广了,到最后找不到一个忠贞的人,不必去追问了。"

这就是曹操反用"恕道",做到能够宽容人。

一个人能成就大业,不只是能力,而主要在于他的胸襟。曹操胸怀宽广,善解人意,不计前嫌,善用恕道,征服人心,实在是高人一筹,所以他能成就霸业。

孔子说：有一个字是人可以终身奉行的，那就是"恕"。什么是"恕"呢？就是推己及人，善解人意，宽容原谅人，不与人计较，表现出宽大为怀的人格和风度。所谓"己所不欲，不施于人"，孔子认为不仅是不要强加于人，更要有原谅人，包容人的肚量。孔子把一个"恕"和一句"己所不欲，勿施于人"单单送给子贡。因为子贡才华很高，在孔门弟子中，他在事功上表现很出色，经营工商很成功，在政治、外交方面也很出色。这样，很容易犯不饶恕人、不善体谅人的毛病，孔子送他的话，既是因材施教，又具有前面所说的更普遍的意义。

所谓"宰相肚里能撑船"，古来那些成就非凡者，无不是器训和心量兼备的人。

渑池之会后，由于蔺相如功劳大，被封为上卿，位在廉颇之上。

廉颇作为大将军，也屡立战功，听说这个消息后，很是不服，便放话说："我是赵国的大将，有攻城野战的大功，而蔺相如只凭言词立下功劳，他的职位却在我之上。再说相如本来是卑贱的人，我感到羞耻，不甘心自己的职位在他之下！"扬言说："我遇见相如，一定要羞辱他。"相如听到这些话后，不肯和他碰面，每逢上朝时常常推说有病，不愿跟廉颇争位次。过了些时候，相如出门，远远看见廉颇，就掉转车子避开他。

于是相如的门客就一齐规谏说："我们离开亲人来侍奉您，不过是因为仰慕您的高尚品德节义啊。现在您与廉颇职位相同，廉将军口出恶言，您却害怕他躲避他，怕得太过分了。就是普通人对这种情况也感到羞耻，更何况是将相呢！我们没有才能，请允许我们告辞离开吧！"蔺相如坚决挽留他们，说："你们看廉将军与秦王相比哪个厉害？"门客回答说："廉将军不如秦王厉害。"相如说："以秦王那样的威势，我蔺相如却敢在秦国的朝廷上呵斥他，羞辱他的群臣。相如虽然才能低下，难道偏偏害怕廉将军吗？但是我想到，强大的秦国之所以不敢轻易对赵国用兵，只是因为有我们两个人在啊！现在如果两虎相斗，势必不能共存。我之所以这样做，是以国家之急为先而以私仇为后啊！"

廉颇听到这话，就脱去上衣，露出上身，背着荆条，由宾客引导到蔺相如家的门前请罪，说："我这个粗陋卑贱的人，想不到将军宽容我到这样的地步啊！"

两人终于相互交欢和好，成为生死与共的朋友。

孔子说：对人不要求全责备。《礼记》上也说：水至清则无鱼。人无完人，自身也有缺点，所以不必对人有苛求，否则也是与自己过不去。求全的人没有朋友。所以，做人应该眼睛明亮但又有所不见，耳朵聪敏而又有所不闻，看重别人的大功德，原谅别人的小过错，不要求一个人尽善尽美。

"忠恕待人，养德远害"，不责人小过，不揭人阴私，不念人旧恶，可以养德避害。所以，做人要心怀善良友爱，与人为善，善解人意，不随便指责别人，不揭发人隐私和短处，不耿耿于怀，斤斤计较于小恩怨，这样，就可以培养起美好的品德，远离祸患。

据《孔丛子》记载，孔子的孙子子思，向卫国的国君推荐苟变，说："苟变可是一员可无敌于天下的大将啊。"

但卫君说："我也知道苟变是难得的将才，但他从前做官时，曾无故吃了别人两个鸡蛋，于德有亏，所以我不用他。"

子思说："木匠选材，也知取其长，弃其短，您作为一国之君，怎么可以因为两个鸡蛋而放弃一个人才而不用呢？这种做法千万不能让邻国知道了啊！"

卫君只看到了一个人的缺点，却没看到人家的优点，看不到别人的价值。所以他必然失去人才。

孔子说：君子庄敬自重，而与人无所争。荀子说：君子才德过人，但不因此骄人，与人争高下，就像一个人力大如牛而不与牛斗力量，走速似马而不与马比速度那样，他聪明过人但并不与人比聪明。这说明君子既谦虚内敛，又能以德服人，不与人计较，争一时之长短，也是一种宽容和修养的表现。

宋代宰相富弼年轻时，有人告诉他："某某骂你了"。

富弼说："恐怕是骂别人吧。"

这人又说："叫着你的姓名骂的，怎么是骂别人呢？"

富弼说："恐怕是骂与我同名字的人。"

这话传到那位骂他的人耳里，十分惭愧，从此再不敢非议他，而改为对他赞不绝口了。真正有修养的人，就是这样，不与人争什么，看上去吃亏了，实际上他却在不动声色中征服了别人，收获的不只是好名声。

□不失赤子之心

南先生曾写有一首诗，以自喻：

生死无端别恨深，浪花流到去来今。

白头雾里观河见，犹是童年过后心。

在这首诗里，我们看到，南先生年已耄耋，但仍保留着一颗童心，即赤子之心。

古今中外，那些成就非凡事业的伟人，无不拥有一颗不老的赤子之心。无论经历多少风雨，见惯多少世态人心，他们的本性从未失去，而是坚持一生，不失一颗赤子情怀。

孟子说："能称之为大人的，或者说圣贤的，都是没有失去赤子之心的人。"就是说人要尊重天性，保全自己的天然和本真之心，这是为人之根本也。

孟子说："世人都认为能称之为大人的人，都是能通机达变，无所不知，无所不能，非一般人所能企及的。却不知大人之所以能成为大人，不过是没有失去他本然的赤子之心而已。"

赤子之心，就是心地纯洁无污，不矫饰虚伪，他有能力掌握最好的知识修养，有能力具备最高的能力智慧，而这些都是顺应自然之道的，是自然而然的存在，丝毫没有个人的私欲成分。而平常人，自从被物利诱惑之后，就失去了天然的本真之心。只有大人们，能够做到有所操守，严密规划，不让自己被世故玷污，不因私欲而失去本真。他的涵养越纯正无邪，言行自然会合乎义理，中正无二。坚守自己最初的理念，始终不渝。所以，这样的人，如果具备了最好的知识，其智慧可洞悉天下万物；如果具备了最强的能力，其行为可接济天下苍生。怎么会让那些机巧之变和鬼蜮伎俩存在于内心呢？所以，所谓大人，不过是不失其赤子之心而已。

而心思量万物之理，应对万事，不外乎一个"诚"字。所谓赤子，都是不失这种真诚的本然之心，而大人，就是把这种真诚外化而用之，所以能通达应变，犹如神通，能够参赞天地。他们的这种能力，其实是从孩提时代就有的知能中延伸开发而出的，这就是所谓的道心，所谓的天性之本真也。所以说："真诚，是圣人之本。"

所谓的"明心见性"，意思也是尊重人的天性，南先生说："明心见性"之见，可不是看山不是山，看水不是水，青蛙扑咚一声跳进水……要一切见无所见，一切山河大地，宇宙万有，都虚空粉碎，大地平沉，那可以谈禅宗了，明心见性有点影子了。

当下社会，人心不古，物欲横流，物质昌盛，但心灵空虚。为什么呢？说到底还是人为物役，心为物使，蒙蔽了本性，迷失了自己，所以找不到心灵的归宿，无法真正的安身立命，当然不会有内心的充实和快乐。

而一个坚持自我天性，尊重自我本性的人，真诚生活，真诚为人处世，真诚地奋斗，能应付各种考验，能正视各种丑陋，而他内心的赤诚和纯净始终不改。

一个不失赤子情怀的人，他追求在有限的人生创造出自己的最大价值，为此上下求索，百折不挠，真诚地努力，精进不已，坚持一生。

一个不失赤子情怀的人，必定有自己的风格。在人生奋斗的过程中，无论经历怎样的风霜雪雨，仍坚守本性，不为他人他物所动摇，不会随波逐流，也不会自甘堕落，始终坚守如一，矢志不渝，从·而终，善始善终。这样的心，内心丰富而宁静，不会心浮意躁，而只会自觉修养自己，保持一颗独立而自由的心。

第五章　知荣辱进退

□富贵考验人性

南怀瑾先生说：一个人有了钱财，应该帮助人家，帮助亲戚朋友，乃至整个社会的贫人。可是，有的富厚之家，不但没有帮助别人，做社会的福利、公益事业，反而因家庭的富厚，奢侈无度。这是富的不好，因此有时富贵会考验人性，甚至反而害了人。

享受富贵，大概是每个人都想要的。只是，并非每个人都有富贵命。古人所谓"死生由命，富贵在天"，人通过努力做到自食其力没有问题，但要做到富贵则不一定。所以说，一个能够拥有富贵的人，应该心存幸运和感激之情。感谢生命，感谢命运，感谢社会，而不是觉得这个富贵就应该一人独立享受的。如果懂得感恩，就会懂得与人分享这份富贵，明白一人消受不了这个福分，应把这个福分放大，分给更多的人，尤其是需要帮助的人。这不仅是一种品质，也是一种风格。

能够做到与人分享，一个人的富贵才显得更有意义，这个富贵才能带给自己真正的快乐。一个有品质有修养的人，当懂得富贵是好，但享用不好，反不如清贫来得更加保险安乐。历来有多少因富而骄，因富而奢侈淫逸，最终倾家荡产，身败名裂的人。所以说，富贵用不好反而害了人，也未必是件好事。

古之君子，对于利，是多有不齿之辞的。因为人的欲望不止，所谓"人为财死，鸟为食亡"，利益，金钱，往往会改变一个人原本的天性，让人变得面目可憎，实在是得不偿失。

孔子说，富贵于我如浮云，还说，"君子喻于义，小人喻于利"。而且告诫弟子"罕言利"。当孔子听说弟子冉求参加季康子"用四赋"的改革时，指责他帮助季氏聚敛财富，宣布将冉求逐出门墙，而且召唤弟子们"鸣鼓而攻之"。

孟子比孔子更为激进，干脆就讲"何必曰利"。那些"鸡鸣而起，孳孳为利"的人不过是"跖之徒"。在孔子看来，金钱、财富仿佛洪水猛兽，与仁义道德水火难容，厚此必将薄彼。财富充实，道德就沦丧了，道德沦丧，国家就危亡了。

人为物役，往往失去本性，在得到物质享乐的同时，很可能失去内心真正的支撑，失去自我，从而失去真正的快乐。

相对富贵而言，清贫也许过得清苦，不能得到更多感官上的享受和娱乐，但精神上却可以是富有的。所以，古之君子，宁愿住陋室，也不失本性节操，能够做到安贫乐道，自得其乐。内心的快乐可抵御物质的不足，保持一颗乐观向上的心，为学问，为精神的富有和长存而奋斗一生。这又是另外一种活动，虽然比不上富且贵的热闹生活，但自有一份安乐和幸福，是那些富贵名利场中的人们所没有，甚至是可望而不可即的。也因此，古代有那么多达官贵人，能够保持一份清醒认识，选择了抛弃富贵，回归平凡，过一种简单清安的日子。比起富贵，这种清静无扰的生活，是一种清福，实在是人生最为难得的独立而自由自在的生活。

古代的道德君子，向来尊重本性，选择自然无为生活，"达则兼济天下，穷则独善其身"，总是不失本性，而是适其本性而生活，固然清贫，但重人格人品而芬芳于陋室。为什么这样呢？请看《庄子·缮性》中的一段论述，庄子说："古时候所说的自得自适的人，不是指高官厚禄的地位尊显，说的是出自本然的快意而没有必要再添加什么罢了。现在人们所说的快意自适，是指高官厚禄地位显赫。荣华富贵在身，并不出自本然，犹如外物偶然到来，是临时寄托的东西。外物寄托，它们到来不必加以阻拦，它们离去也不必加以劝止。所以不可为了富贵荣华而恣意放纵，不可因为穷困贫乏而趋附流俗，身处富贵荣华与穷困贫乏，其间的快意相同，因而没有忧愁罢了。如今寄托之物离去便觉不能快意，由此观之，即使真正有过快意他未尝不是迷乱了真性。所以说，由于外物而丧失自身，由于流俗而失却本性，就叫作颠倒了本末的人。"

人在清苦的环境中容易奋发上进，优裕环境中容易堕落腐败。如果能知道这一道理，就能防患于未然。

唐朝的李景让，幼年丧父，家境贫困，是母亲郑氏一手把他带大。

有一次，房子的后墙塌陷，从墙破处发现了许多钱。母亲却向天神祈祷说："我听说不劳而获是自身的灾祸。如果天神怜悯我贫穷，那就希望让几个儿子的学问有成就吧，这些钱就不敢拿了。"

说着，赶快把那些钱掩埋上，把墙修好砸实了。

由此可见，李景让的母亲是一个有见识，不为金钱所动的女人。纵使那么贫穷，需要钱花，也没有动一点邪念。她需要钱，但绝不要不义之财，所以，就不会见钱眼开。她不追求不属于自己的东西，一心过自己的清苦日子，善待自己的儿子，教他读书做人。

在母亲的教导下，李景让十分用功，也很争气。终于，功夫不负有心人，李景让后来科举得中，而且顺利入仕，直到官位显达。

即使已经到了高官显贵的位置，母亲对他的管教也十分严格。他有过错，母亲也决不放过。他当浙西观察使时，手下有个低级军官不顺他的心意，他让人用棍棒打，结果给打死了，此事引起军队的愤怒，将要发生兵变。

他母亲听说后，就出来，坐在官府办公的地方，让景让站在厅堂上，责备他说："天子托付你重任，你却把国家的刑法当成自己发泄的工具，胡乱杀死无辜的人，万一造成地方动乱，你有何面目见皇上？"

说完，她让儿子的手下人脱下他的衣服，要鞭打脊背。手下人都站出来求情，但母亲坚决不同意，于是只好行刑。打了很久，李景让痛得快晕过去了。母亲才同意把他放了。

一个人在艰苦贫困的环境中，能积极进取，追求上进固然很好，但如果他出人头地后，却经不起富贵的考验，不可一世，骄狂奢侈，说明其心理建设和修养都没能随着地位的提高而提高，这样的人，必然会从高处跌下来，而且会跌得很惨。

可见，无论穷富，心理建设和修养对一个人的重要性。在有修养的人那里，无论穷富，他都能安顿好自己，如古人那样"穷则独善其身，达则兼济天下"。永远不会迷失自己，既不会流于庸俗，也不会得意忘形，步入歧途。

□能忍辱方能成就大事

南怀瑾先生在讲《金刚经》时说：戒者，戒一切坏的行为，恶的行为，此心念念在清净中，无恶亦无善，是名至善。这就是持戒，持戒还好办，忍辱最难办……忍辱并不是完全讲侮辱，大家不要搞错了，一切的痛苦能够忍的都是辱……能够把烦恼、痛苦观空而转化了，就是道德的行为，心理上的心性，这才是菩萨的功德。不要听了《金刚经》讲忍辱，就万事不做，自以为那是忍辱；要入世忍人所不能忍，行人所不能行，才是修菩萨道的基本精神。

这里是说佛家修养忍辱的功夫，能忍辱方能成佛；而对于平常人来说，忍辱同样是一种十分重要的修养。一个人要想成就大事，就要能吃得苦中苦，方能成为人上人。而忍辱，就是一种自我突破的苦，能忍辱，才能吃人生的不寻常之苦，才可能成就常人所不能成就的事业。

司马迁自幼受其父影响，诵读古文，熟读经书，二十岁就漫游全国，考察名胜古迹、山川物产、风土人情，访求前人轶事掌故，为他日后写《史记》打下了坚实的基础。

后来，司马迁又继任太史令，得以博览朝廷藏书、档案典籍。太初元年，司马迁根据父亲遗志，着手编撰一部规模宏大的史书。可是，正当他努力写作之际，不幸的事情发生了——他因为被牵涉到李陵的案件而受到了宫刑。出狱之后，司马迁担任中书令，这是一种历来由宦官担任的职务，却让司马迁当，这对士大夫来说，无疑是一种耻辱。

司马迁的朋友任安给他写信，对他的这种忍辱行为十分不解。司马迁回答他："我并非怕死，每个人都有一死，有人死得重于泰山，有人死得轻于鸿毛。如果我现在死了，无异于一只蝼蚁的死。我之所以忍辱苟活，是因为撰写史书的宿愿还没有实现啊！从前，周文王被囚于羑里才推演出《周易》，孔子被困于陈蔡才作出《春秋》，屈原被放逐于江南才写下《离骚》，左丘明失明之后才完成《国语》，孙膑被削掉膝盖骨才编著《兵法》，吕不韦被贬于蜀地才作出《吕氏春秋》，韩非子被拘禁于秦才写出《说难》、《孤愤》，我要效法这些仁人志士，完成我的书啊！到那时，就可以抵偿我的屈辱，即使碎尸万段我也没有什么悔恨啊！"

因为心中伟大的追求，所以司马迁不轻易去死，选择了忍辱偷生，一切为了心中神圣的事业。经过二十年的呕心沥血，忍辱写作，司马迁终于完成了皇皇巨著《太史公书》，这是我国第一部规模宏大、结构谨严、体例完备的纪传体通史，记述了自黄帝至武帝太初年间三千多年的历史，也就是被誉为"史家之绝唱，无韵之离骚"的《史记》。

二十年忍辱负重，难为了司马迁，也成就了司马迁。试想，如果司马迁不能忍一时之辱，就不可能完成这部巨著。

日本的道元禅师从中国学禅回来时，有人问他修到了什么。

禅师说："别无所获，只修得一颗柔软心。"

柔软心，即是忍辱之心，禅者非柔软心不修。在我们的心中，总有一种坚硬的东西，这坚硬的东西即是我慢（我慢，自高自大，侮慢他人）心，是"我"在其中支撑着的。外界一旦触及了它，一定会爆发起来，似乎它就是最伟大的东西。然而，从禅的角度讲，我们必须修柔软心，没有柔软心，就不能到达正道。

从学知识的方面来说，柔软心还是不耻下问，虚心坦怀，四方求教。

从前印度萨罗国的首都舍卫城中，有一位叫做鸯掘摩罗的年轻人。他是一位大臣的儿子，不但聪明伶俐而且还是位美男子。对印度人而言，美男子也是造孽、犯罪的含意。果然这位年轻人真的罪业缠身。当时他跟随一位婆罗门修行，而婆罗门的妻子却不断地向他示爱。

由于鸯掘摩罗是位正直上进的年轻人，对于师母的求爱总是冷然置之。百般勾引不得其门而入的师母由于恼羞成怒，遂向其夫告状说鸯掘摩侵犯了他。

婆罗门上师为了惩罚鸯掘摩罗，于是命令他到舍卫城街上杀一百名男女，并将尸体的小指头切下来做成项链。不敢违背师命的鸯掘摩罗，终于由一位心地善良的年轻人变成了一个杀人不眨眼的魔王。

当鸯掘摩罗杀了九十九人，准备再去杀最后一个人之时，他遇到了释尊。本来他也准备杀掉释尊，最后却因听了释尊的教诲而放下屠刀，剃度成为佛弟子。

问题就在后面。

已成为佛弟子的鸯掘摩罗某日来到舍卫城中托钵。由于城里的人对这位过去的杀人魔王旧恨未消，因此每个人一看到他就纷纷击以石块，当然更不会有人拿食物供养他了。日复一日，鸯掘摩罗总是空着钵回来，而且全身还伤痕累累。

释尊只是在旁默默地看着。直到有一天，释尊终于对他说：

"鸯掘摩罗啊！再忍耐吧！此乃是你来世应该受的业报而在此世应验啊！"

啊！这是多么睿智的话呀！不禁令我掩面叹息，看来鸯掘摩罗不忍耐是不行的。如果不能忍耐现在苦而想逃避的话，即使能逃得了一时，在不久的将来仍旧要再遭受到报应的。如果不想将来才受报，现在一定得全心地忍耐。

然而，一般人往往动不动就想逃避现实，不能忍受眼前的苦难，只是一味地幻想不切实际的未来，或是沉湎于无法改变的过去。这是多么愚蠢的行为，但是我们却常常无法自觉。

只有活在当下、现在，我们才是真正地活着。虽然对未来抱有理想是无可厚非的，但我们必须清楚地认识一点：人不是活在他人的生活中。基于这个认识，我们更要积极地体会并活在当下、现在。

这就是禅和生活智慧。

信心就像一个戒指，或像一个套环；而佛陀的慈悲就像一个钩子，或像牧羊人的钩杖。这两者是可以衔接在一起的，而佛陀的加持，透过这个衔接无处不至，只要您对这恩赐敞开心胸。下面的故事就是在叙说一位老妇人，藉由一颗狗的牙齿而获致精神上的觉悟。虔敬的人通常对圣者的牙齿及骨头十分尊敬，视之为神圣舍利，这些遗物被视为充满了精神的力量。

从前有个老妇，她的儿子是个商人，经常跟商队到遥远的印度去经商。有一天，她对儿子说："印度的菩提迦耶是佛陀悟道的圣地，请替我从那儿带个珍贵的舍利子回来，我好将它当作我虔诚供养的对象。我要供在佛堂上，视为佛陀圣体来祈祷礼拜。"她重复这个要求很多次了，可是，每次儿子从印度圣地经商回来，才想到他又忘记了母亲这个迫切的恳求。许多年过去了，他一直忘了替母亲带回她想要的东西。有一天，儿子又将启程前往印度，母亲对他说："儿子，这趟旅程务必记住我的话。这次，你如果不从菩提迦耶带舍利子回来给我供做礼拜用，我就死在你面前。"他被母亲出乎意料的强硬所震惊，发誓一定会满足她的愿望，就上路了。

几个月后，他生意结束起程返乡。再次地，他又忘记为他的慈母带回一颗佛陀的舍利。快走到他母亲的屋前，他才突然想起她的嘱咐。

"糟了，我该怎么办才好？"他想："我忘了带任何东西给母亲供在坛城上。如果我空手回家，她就会自杀的！"他惊慌失色地四处张望，瞥见了路旁一副干枯的狗头骨，他仓促地从它的上颚拔下一颗牙齿，慎重地用丝绸包好。

回到家里，他很虔敬地把包裹交给母亲。"这是佛陀的犬齿。"

他说："我从佛的故乡印度请回来的，您可以用它作为祈请的支柱。"老妇人相信了。她对那颗牙齿有完全的信心，相信那真的是佛的牙齿。因此不断地礼拜、祈请，视之为诸佛的示现。经过这样的修行，她找到了长久以来她一直在寻求的不动摇的宁静。

很神奇地，从狗牙生出无数半透明的小珍珠，而且放射出漩涡形的彩虹光。邻居们天天聚在老妇的佛堂里，大家都很欢喜能免费得到这些加持物。当老妇临终时，一片彩虹光罩住她，她枯干的脸庞上浮现快乐的笑容，每个人都感受到她已获得精神的升华。

虽然狗牙本身并没有什么加持力，但是老妇坚定不移的信心使得佛的加持进入那颗牙齿。

因此，即使仅是一颗狗牙，也变得与佛的真实舍利无二无别，许多人在心智上都得以提升。

□知终终之

南怀瑾先生说:"知终终之",就是看见这件事,应该下台的,就"下次再见,谢谢!",立即下台,永远留一个非常好的印象在那里。但这个修养很难做到的,孔子、老子都是这个思想。老子说的"功成、名遂、身退",就是知终终之。但"知终"的"知"很难,如懂了这个道理,则"居上位而不骄",虽然坐在最上的位置,亦不觉得有什么可骄傲的,这如同上楼下楼一样,没有永远在楼上不焉的;那么在下位亦无忧,因为时代不属于自己的,所以人生随时随地要了解自己。

人做到自知之明很难,而做到知终终之,知足知止则更难。人的欲求无限,总是这山望着那山高,没有满足的时候。

其实,人生就是奋斗的过程,有梦想和追求是应当的,否则人生还有什么意思?一个人在有生之年经过努力奋斗,实现自己,功成名就,名利双收,本当是很好的事情。但是,最可悲的是,人一旦站到那个位置上,就恋恋不舍,不懂得知足知止,欲望反而膨胀起来,结果往往迷失自己,不能自拔,甚至名节不保,身败名裂,酿成悲剧了。

南怀瑾讲了历史上的一个故事:

汉武帝的时候,封在河间的献王,自然也是刘邦的子孙,来朝见汉武帝,穿的衣服很规矩,每一个进退动作,都很得体,很有礼貌,处处都合乎行仁由义的规矩,就自然而然地表现出庄重威严的样子来。汉武帝见了他以后,态度脸色都变得很难看,心里有所疑虑妒忌,于是对河间献王说,汤武当年起来革命,不过是七十里大的地方开始的,文王起初的辖区也不过一百里方圆,而你现在管的地方,比他们的幅员还更广大,你好好地干吧。汉武帝这几句话,太严重了,意思是说,你努力吧,像你这样做法,有一天造起反来,一定可以推翻我了,至少将来我死了,也可以打垮我的儿子,由你来当这个皇帝了。我们从这类历史上看来,人类也很可怜,父兄叔侄之间,往往为了权力利害的相争而相杀。以哲学的观点去看人性,人实在是毫无价值的,骨肉之间感情非常好的,往往出在贫穷的家庭。一到有富贵权力的冲突,兄弟、姊妹、父子之间都发生问题,古今中外都是如此。这在一个哲学家看来,人实在太可怕了,真是六亲不认,比禽兽还不如,没有道理,这就叫做人,人这种动物又有什么意思?由此可见汉武帝的"王其勉之"这句话心理的反映。

河间献王听了汉武帝这句话,懂得他话里的意思,回去以后,就故意吊儿郎当,一天到晚喝酒,听歌跳舞,表示没有野心,以行动告诉汉武帝,你可以放心了。

由子路和河间献王这种历史故事来说,要实施仁义爱人,普遍的帮忙别人,爱部下爱团体,也还要知道自己的本分,超出了本分不行。孔子把子路的饭倒了,就是子路的行为超出了本分。孔子这样做,也是对子路无比的慈爱,是爱护学生如自己的儿子一样,因为子路这样一做,他会大得人心,但必然会引起的嫉妒,就非把子路害了不可,这就是教子路不要超过了本分,做人做事就如此之难。所以尸子(尸佼)里就提到,做人的道理,要守本分,就是我们的老话,现在大多数年轻人是不会深入去体会的。什么是本分?做领袖的,做父亲的,做干部的,做儿子的,上下长幼、贵贱亲疏之间，都要守本分，恰到好处。譬如贫穷了，穿衣服就穿得朴素，就是穷人的样子，不可摆阔；有钱的人也不必装穷，所以仁爱要得分，施舍要得分，仗义疏财也要得分，智慧的行为也要得分，讲话也要得分，信也要得分，总而言之，做人做事，要晓得自己的本分，要晓得适可而止，这才算成熟了，否则就是幼稚。

一个人的官位不可以太高，权势不能太盛，如果权势太高就会使自己陷入危险状态；一个人的才干本事不能一下子都发挥出来，如果都发挥出来就会处于衰落状态；一个人的品德行为不可以标榜太高，如果过高就会惹来无缘故的毁谤和中伤。

汉代名将周亚夫以治军严谨有方而被后人称颂，然而当他官爵大至权倾一人时，也面临煞星。西汉文帝时，匈奴进犯云中，诸将受命出征。周亚夫驻军细柳，刘礼驻军霸上，徐厉驻军棘门。汉文帝亲临慰劳各军，轻驾至霸上和棘门军营时，都长驱直入，无人敢阻拦。当文帝到细柳军营时，其前锋高呼："天子驾到！"军门都尉却回答："军营之中，只听将军命令，而不问天子诏书。"文帝无法进军营，只得让使者持皇帝的信符去见周亚夫，周亚夫才令开门。当文帝车驾进军营门时，守门士兵又告诫："将军有令，军营中不允许急驰。"文帝只好让侍从拉着辔绳，让车缓缓而行。到了中军大帐，周亚夫全副武装来参见，并称："身着军服的人，是不向皇帝行跪拜礼的。"文帝到此，不由自主地肃穆庄严起来。

以后，周亚夫官位几次升迁，官到丞相，很受景帝器重。每有重大国事都先与周亚夫商议，而周亚夫也累次提出异议，阻止景帝的行动。

后来，周亚夫从景帝的言行中终于意识到自己权倾一人，已面临煞星。于是谢官称病，并放弃丞相职务。

高处不胜寒，物极必反，盈满则亏的道理，一定要明白，这又说到一个人的修养问题，如果自觉提高修养，就会有此觉悟，节制自己，做到穷通皆能淡泊。

□用之则行,舍之则藏

南怀瑾先生说:唐代郭子仪的立身处世,真正做到了"用之则行,舍之则藏",不怨天尤人的风格。郭子仪带兵素来以宽厚著称,对人也很忠恕。在战场上,沉着而有谋略,而且很勇敢。朝廷需要他时,一接到命令,不顾一切,马上行动。等到上面怀疑他,要罢免他时,也是不顾一切,马上就回家吃老米饭。所以,屡黜屡起,国家不能没有他。像郭子仪这样行为,处处合于老子的"冲而用之或不盈"的大经大法。无怪其生前享有令名,死后成为历史上富贵寿考四字俱全的绝少数名臣之一。

没有人不喜欢得到机会发展自己,得到重用,施展才能,实现自己,建功立业,名利双收,但是这种机会并不多得。所以,一个人的成功,光有能力不行,还要得时。如果不得时,努力也是没有用的。如南先生所说,时代不属于自己,也是没办法的事。所以,古人中有的有道之士,在不得时时,"潜居抱道,以待其时",如诸葛亮卧居隆中,只到刘备三顾茅庐时,才得以施展聪明才华。一旦时机到来,则积极出动,大显身手,一举成功。如蛟龙,不飞则已,一飞冲天。所以,一个人的进退出处,如何把握,是十分重要的。

可见，对于功名，追求努力当然重要，但同样是勉强不来，所以，审时度势，顺其自然方不失为一种明智之举。古人主张邦有道则行，邦无道则隐，不遇时不消极，而是韬光养晦，以待其时，独善其身；得遇时就积极而为，施展抱负，建功立业。而退与守之间，需要一种弹性和智慧的把握，需要一个人个性和修养的配合，所以，并不是每个人都能做到进退自如，而不伤身。

郭子仪在皇上需要自己时，就积极行动，尽忠尽力；当不需要自己时，也很想得开，安分守己，不会有一点抱怨或是反抗，依然坚守中正中庸之道，总是怀着一颗积极乐观的心，宽容大度，有长者的厚道之风，无论是能力，还是人品，都很得人信任，所以哪一个皇帝都感觉离不开他，他是真正的"不倒翁"，而且还能留下好名声，这确实是难能可贵的。由此可见，他不仅是一员有勇有谋的将军，更是一位深通人情世故，有很高的修养，善于为人处世的智者。

功名利禄，对于一个有修养，心中淡泊的人来说，可有可无，有了就做一番事业，没有也很好，正好享受自在人生。关键是无论在不在位，都不要失去自我。

孟子在齐国做过一段时期的卿相后，决定离开。

同僚淳于髡问他："重视功名，其实是为济世安民。您身为齐国的三卿之一，上辅君王，下济臣民，如今什么功名都没建立，就要离开，你这做法，难道仁者的风范吗？"

孟子回答说："身处卑微，但却可以拒绝服侍不肖的君主，有伯夷；五次为桀做官，五次为汤做官，力图推行自己的仁政思想的，有伊尹；不讨厌恶浊的君主，不拒绝微贱的职位的，有柳下惠。这三个人行为方式不同，但目的一致——他们都是为了仁。君子只要守住仁就可以了，何必拘泥于具体如何去做呢？"

伊尹和柳下惠，都是孟子心中的贤人，但他们一个曾为残暴无道的夏桀做官，一个并不讨厌恶浊的君主，即使如此，也并没损他们作为贤者的名声。而伯夷呢，宁可在首阳山下采薇自食其力，也不去侍奉无道君主，求取俸禄。他们，都是无可指责的。

这样看来，官职爵位，有时可以弃之如破鞋。去留弃取，只以保全自己的名节为根本原则。这样，便可做到进退自如，弃取随心，予夺不惧，去留无忧。

一般的人，在不得意时，总有牢骚抱怨，自以为怀才不遇，对他人或社会产生不满甚至是仇恨心理，这样，他慢慢地就偏离了正道，心理也日益变态，即使后来得到机遇，终因心胸狭隘和心理上的变态，难以成就大事。而那些有修养的人，面对失意和不遇，他能积极乐观包容地看问题，永远怀着热情和希望，也从不抱怨，不会怨天尤人，心里永远阳光着。他自己心态好，别人也看他舒服，自然他的好运也容易到来，然后他就能抓住机会，发展自己。一个人良好的心态是修养来的，所以，修养很重要。

□不为所动，超脱毁誉

子曰："吾之于人也，谁毁谁誉？"

南怀瑾先生在解释时说：孔子说，我对于人，毁誉都不计较，即如说哪个人说某人好，哪个人说某人坏，很难据以定论。我的体验是，不要轻易攻讦人，也不要轻易恭维人。人很容易上恭维的当。但是我总觉得恭维人比较对，只要不过分地恭维人。对于自己要看清楚，没有人不遭遇毁的，而且会遭遇到很多，即使任何一个宗教家，都不能避免毁。像耶稣被钉在十字架而死，就是因为被人毁。而且越伟大的人物，被毁得越多，所以说"谤随名高"。一个人名气越大，后面毁谤就跟着来了。

对于曾国藩，人们都很崇拜他的善于为人处世。南先生说：其实，他当时所遭遇的环境，毁与誉都是同时并进的。因此他有赠沅浦九北四十一生辰的一首诗说："左列钟铭右谤书，人间随处有乘除。低头一拜屠羊说，万事浮云过太虚。"这是他们当时的处境，左边放一大堆褒扬令、奖状，右边便有许多难听而攻击性的传单。世间的是非，谁又完全弄得清楚呢！多了这一头，一定少了那一边，加减乘除，算不清那些账。听了谁毁人，谁誉人，自己不要立下断语；另一方面也可以说，有人攻讦自己或恭维自己，都不去管。假使有人捧人捧得太厉害，这中间一定有个原因。过分的言词，无论是毁是誉，其中一定有原因，有问题。所以毁誉不是衡量人的绝对标准，听的人必须要清楚。孔子说到这里，不禁感叹：现在的人啊，他感叹了这一句，下面没有讲下去，而包含了许多意思。

这许多的意思，让人们自己去思想吧。直到今天，人们对于毁誉，也是莫衷一是，没有定论。看当下社会，人们互相攻击甚至谩骂的有的是，演艺界，甚至文化界，几乎把互相诋毁谩骂当成了一种宣传自己的炒作，实在令人大开眼界。

每个人都有自己的角度和立场，这个立场就代表着自己的利益和自私的一面，往往是难以突破自我的，所以，说出的话，无论是赞扬还是反对，都难免有失客观，没有私心。也就是说，他的话，只能代表他个人的观点，其实并不能代表什么，不能说明什么，明白人，聪明人应该明白这个道理，所以不必要为某人某话所左右，失去了头脑的清醒，影响了自己独立思考和判断的能力。

正如南先生所说，每个人都不可能完全听到好话，也不可能完全听到坏话。有说好的，必然就有说坏的。越是有成就的人，人们对他的议论就越多，这是很正常的现象。如果都是好的，或者都是坏的，反而不正常了。就像真优秀的人，他的缺点也越突出一样，一个人成就越大，他所遭到的妒忌越多，可能诋毁他的话也会越多。那么，真相在哪里呢？除了事实，只有让时间去证明。所以，真正的聪明人，不计较别人的看法和说法，只听从自己内心的呼唤，只要认定了，就坚定地去做，不去计较别人怎么说，如但丁所说："走自己的路，让人们去说吧！"只要问心无愧，俯仰无愧于天地，那么，别人的看法和毁誉，又算得了什么呢？只能让我更加发奋精进。

不计较毁誉，当然需要一份内心的坚定，更需要有相当的修养，这份修养来自对世情和人情的了解。一个有阅历的人，看惯了世态炎凉，不想再去过问是非对错；一个看破了人情冷暖的人，对别人的毁誉也无动于衷。他只会听从于自己，自然而然地生活。不患得患失，也不奢望于任何人对自己认可。

一天，一个叫士成绮的人问老子："听说先生是个圣人，我便不辞路途遥远而来，一心希望能见到你，走了上百天，脚掌上结了厚厚的茧，都不敢停下来休息。但当我看到先生，看上去，你一点不像个圣人。我看老鼠洞里掏出的泥土中，有那么多剩余的食物，你却不去注意一下，这合乎你仁德的理念吗？可见你是乐于享受，贪婪聚财的人啊。"

老子听了，一点也没显示出生气的神色，也不做任何辩解，只是保持沉默。

第二天，士成绮再次见到老子，说："昨日我的话刺伤了先生，但你一点没生气，我已经有所悔悟，也改变了原来对您的看法，这是为什么呢？"

老子说："那种巧言辩解，自以为聪明神圣的做法，我自以为早已脱离了这种人的行列。过去，你叫我牛，我就称作牛；你叫我马，我就称作马。如果我不这样，表示出不满而加以反驳反攻，那样，我只会受到更深的侮辱。所以，我只是顺应外物，就这样自然而然。当然，我并不是有意要顺应你而有这种顺其自然，这只是我一贯的做法而已。"

士成绮听了十分惭愧，连连点头，表示佩服不已。

由此可见，老子早已超越了别人对自己的毁誉，所以根本不与之计较，更不必有什么辩解了。因为他最明白越描越黑的道理。面对侮辱和诋毁，真正的智慧，不是反唇相讥，而是保持沉静不动，是一种修养和风度，更是一种最有效的，让他感觉惭愧的策略。没有什么比去挑战，而对方没有反应而感觉到更令人沮丧的了。正所谓"不战而屈人之兵"，不费吹灰之力，仅用智慧，就把对方击倒。

《庄子·庚桑楚》中说:"砍断了脚的人不图修饰,因为把毁誉置之度外;服役囚徒登上高处不存恐惧,因为已经忘掉了死生。对于谦卑的言语不愿做出回报而忘掉了他人,能够忘掉他人的,就可称作合于自然之理又忘却人道之情的天人。"无论毁誉,都无所谓,而是与天地自然为一体的人,是真正修养高深,拥有智慧的高人。

"灭却心头火,剔起佛前灯。"禅家更是向来崇尚忍辱容忍耐的精神。

有个农家女孩,无缘无故地怀孕了,在父母的苦逼追问下,女孩竟指白隐禅师为其子之父。农夫和家妇怒不可遏,找白隐理论,白隐听完了对方的辱骂,只说了一句话:"就是这样吗?"婴儿降生后即送给了白隐。白隐虽名誉扫地,但并不介意,一味细心照顾孩子。不久,此事真相大白,原来孩子的真正父亲是一个市井之徒。女孩的父母上门向白隐禅师赔礼道歉,称赞他真是一位善良的人。白隐在交回孩子时仍然轻轻说道:"就是这样吗?"

白隐禅师的胸怀和涵养,足令毁谤者自惭形秽。

所以,南先生说:一般对人事的批评,要多方面注意人情世故。你做事情,你的部下,你的朋友,甚至你的敌人,对你也一样。当骂你坏的时候,什么都是坏的,没有好的;当捧你的时候,什么都是好的,没有坏的。但是不管捧与骂,都是有问题的。我们不要忘记了自己的本分,自己要看清楚自己,不要为这些毁誉所动摇,要问自己真正的所为。

□功高震主

南怀瑾先生说：在政治上，一个功高震主的大臣，危险与荣誉是成正比的，获得的荣耀勋奖愈多，危险也愈大。不但随时有失去权势财富的可能，甚至生命也往往旦夕不保。

南先生的意思，就是一个人要明白功高震主的道理。现实中，确实如此，并不是一个人工作努力，业绩很多，就一定得上司的信任，也不是你努力做，就一定能得到升迁。你不努力，没有工作能力不行，生存立足都难，要做到升迁更是无望；而你努力工作，业绩突出，老板一时高兴提拔了你，你受到鼓励，更加努力，屡建新功，可以说是有功之臣，名利也随之而来。但新的棘手问题可能来了——你并没惹谁，更没惹上司，但突然间可能发现，上司对你不那么信任了，不仅防范你，甚至得机会时，还会打击你一下。

很多人面临这样的问题。这是为什么呢？不得其解。其实不必想那么多，你没有错，问题只出在人心上，也是人性的一个不可避免的毛病——你的成功让别人不舒服了，不仅生了妒忌心，而且你无形中威胁到你的上司了。就是功高震主了。所以，此时，一定要当心哦。

怎么当心？往往一不注意，打击加害就来了。你成绩显著，按照人之常情，难免有些得意忘形，有些骄狂之态，言语之间多了几分对人的轻慢，甚至对领导，也似乎有意表功，这样，危险就来了——别人可不看你付出的多少努力，吃了多少辛苦，做了多大贡献，只看到你的成功和成就感，所以他们妒忌；如果再看到你脸上现出得意与骄傲之色，本想抓你小辫子，正愁无机可乘时，就会拿你的骄傲轻慢来说事了。甚至，你没有骄傲，也很可能给你一个莫须有的罪名。

这就是人性的丑陋和人心的险恶之处。所以，当一个人做了成绩，或者处在高位上时，一定要小心谨慎，低调收敛，如曾国藩和郭子仪那样的如履薄冰，是十分必要的。否则，将是十分危险的！所以，就此意义而言，高处不胜寒，多才遭妒，功高震主，功成身退是明哲。

唐朝的郭子仪，就是一个进退都没有抱怨，善于明哲保身的人。南先生讲了郭子仪功高震主，遭到各方压制，而他却能做到没有怨尤地辞，体现出一种能上能下的大度和善于自保的修养。

郭子仪，是道道地地经过考试录取的武举出身，历任军职，到了唐玄宗天宝十四年，安禄山造反，才开始诏命他为节慰卿、灵武郡太守、克朔方节度使，屡战有功。

当时唐明皇仓皇入蜀，皇太子李亨在灵武即位，后来称号唐肃宗。这位皇帝拜郭子仪为兵部尚书、同中书门下平章事，仍总节度使的职权。转战两年之后，郭子仪从帝子、出任元帅的广平王李豫，统率番汉兵将十五万，收复长安。肃宗曾亲自劳军灞上，并且对他说："国家再造，卿力也。"

但在战乱还未平靖，到处尚须用兵的时候，肃宗恐怕郭子仪、李光弼等功劳太大，难以驾驭，便不立元帅，而派出太监鱼朝恩，作为观军容宣慰使来监军。

一个太监，又懂得什么，但他却代表了朝廷和皇帝，处处加以阻挠，动辄掣肘，致使王师虽众而无统领。在战场上，各个将领互相观望，进退失据。肃宗不得已，又诏郭子仪为东畿山南东道河南诸道行营元帅，鱼朝恩因此更加忌妒，密告郭子仪许多不是，因此肃宗又诏郭子仪交卸兵权，回归京师。

郭子仪接到命令，不顾将士的反对，瞒过部下，独自溜走，奉命回京闲居，一点也没有怨尤的表示。

后来，肃宗当又有战争需要他时，又启用他。郭子仪积极受命，竭尽忠诚。几罢几起，郭子仪都进退自如，避免了功高震主的危险，也维护了自己的好名声，得以保全名节，甚至高寿而终，在历史上确实不多见。

一个功名事业有所成就的人，要保持谦恭和蔼的美德，才不会招致人们的嫉妒。处世不偏行事适宜，自己释然，也要让别人舒服，这样才保自己远离祸患。

"将相和"这则史实，也能留给我们做人应谦卑自处，以免妒的启示。

廉颇，是战国时期赵国的著名将领，有大功于赵国。蔺相如因完璧归赵以及渑池相会等功劳，官位却在廉颇之上，廉颇不服，多次打算当面羞辱蔺相如，蔺相如都退让回避，不愿引起纠纷。结果人们都认为蔺相如胆小如鼠，纷纷看不起他。蔺相如知道后，语重心长地对自己下属讲："秦国不敢来攻赵国，正是因为有我与廉颇两人。两虎相斗必有一死。采取这样的做法，是首先考虑到国家的利害，而将个人的恩怨放在一边。"廉颇得知蔺相如的这番话后，十分惭愧，于是就背着一根荆条，袒露出左膀，亲自到蔺相如的官邸请罪。从此，廉颇与蔺相如结成生死之交，赵国也因此获得了长时间的安定。

处世不宜与俗同，亦不宜与俗异。处世既不能同流合污，也不要标新立异，故作清高，故意与众不同；做事不能惹人讨厌，也不能阿谀奉承，哗众取宠，为他人所左右。

□成败皆由自己定之

子曰:"譬如为山,未成一篑,止,吾止也。譬如平地,虽覆一篑,进,吾往也。"

>南怀瑾先生解释说:道德的修养,就是征服自己。上面孔子的话,说的就是这个道理。他说譬如我们去挑泥土来堆成一座山,要挑一百担泥土的,已经挑了九十九担,最后"未成一篑",少了一畚箕泥土。"止",停止了,因此便不能登峰造极到顶点。是谁使你停止的?我们一件事没有成功,往往推之于客观的环境,社会的因素,但是孔子在这里说那是不可能的,"吾止也",还是自己心理的疲劳与退缩,不是客观因素。他又说,譬如填平一块平地,倒一畚箕泥土上去,就看到更高一点,这个进步,也不是外来的因素,而是自己的成功,这里他所强调的,是指一切的行为,其成功或失败,都在于一个人自己,不要推之于外来的因素。外来因素之所以形成,也是自己本身个性的关系。

一个人的成功,虽然有时机和外在的因素,但最主要的,也是最关键的,还是一个人的能力。人们常说:机会只给有准备的人。就是这个道理。能力怎么形成?当然不是天生有之,而主要是后天自觉努力的结果。

记住，是自觉努力。就是说，只要有努力的自我觉悟，努力不必人催，也不必奢望别人帮忙。

自己的成功之路只有自己走，没人可代替，没有捷径，也不能存侥幸心理。天下没有掉馅饼的好事儿，如果你不想苟且而活，就只有努力，没有别的选择。无论你出身什么样的家庭背景，无论你有多大的财力，这些外力可以起到推动作用，但如果你想获得成功，也必须只有自己努力，否则，有这些资源你也不会利用，或者让你浪费掉。

孔子上面的意思，也是说个人努力的决定性作用。当然，不是努力就一定能成功。成功的毕竟是少数。但不努力就不可能获得成功，所以，努力是必然的选择。

努力奋斗，自强不息，是每一个积极上进的人的选择，但是，奋斗自强的过程，充满了曲折弯路、失败不顺、甚至是荆棘满地，或者步入歧路……人的一生不容易，就体现在这种曲折的奋斗中，可以说是一生的长征，充满艰辛。如果没有理想作为信念支撑，没有信心、勇气和力量，那么，就会向现实妥协，或者倒下，流于平庸。而只有那些百折不挠的人，才能最终到达成功的彼岸，领略到人生更高一层的风景。所以，成功者往往都是那些有着极大心理能量和张力，充满希望和激情的人。唯其如此，才不会功亏一篑，才会登峰造极，一览众山小。

但是，由于成功的毕竟是少数，也由于人们对成功的理解或许有不同，所以，对于成功，也没必要一概而论，按人们一般的看法，认为名利双收，表面风光就是成功。

事实上，也许成功别有理解，别有内涵。我们所说的成功，多是从社会评价标准的角度，而对于个人来说，真正的成功也许不取决于社会和他人怎么看，而在于自己是否真正感觉到成功。因为个人认为的成功，虽然受社会的影响，但说到底还是要关照自己内心的感觉。如果他表面风光，但内心痛苦空虚孤独寂寞，没有快乐和幸福感，那么，也不能说他是成功的；如果一个人表面看上去平凡无闻，没权没位，但是他却能在自食其力的平淡中感觉满足，感觉快乐幸福，内心踏实、宁静和愉悦，那么，这个人何尝不能说活得很成功呢？

所以，成功不仅要由自己来创造，而且成功与否也是由自己来定。

有些人忙碌一生，也没有取得自己想要的成功，有的人没费太大力量，却幸运地得到了成功。当然，这里的成功是世俗意义上的。人生总有遗憾，没有完全成功的人生。所谓"谋事在人，成事在天"，对于成功，最好抱以达观的态度，积极努力，但不强求，顺其自然最好。

孔子，今天我们看他十分成功，但在他生前，也是十分不遇的。他一生汲汲以求，奔波忙碌，克己复礼，游走列国，游说诸侯，但他的政治抱负和主张，却根本无法实现。他不失望抱怨，他说："道之将行也与？命也。"自己尽了努力，但仍不能成功，那也是没有办法的事，只有归于天命了。尽力而为，无所悔憾就足够了，不必再患得患失。所以他能做到乐天知命，无忧无虑，寄希望于他的教育事业，以此推广他的思想和文化及政治上的理想。虽是桃李满天下，在当时也有时名，但一生清苦寂寞，他声名的显扬，地位的提高，是在五百年之后的汉代。可见，什么是成功？也不能完全以生前来作标准的，死后的成功，精神的长存，享千秋万代这之名，是一种更大的成功。

人各有志，孔子的行为，不是人所共愿的，也不是一般人能够做到的，面对千古圣人，我们大多数人只有可望而不可即。不必追求一定成圣成名，只要按照自己的意愿，努力做到自己想做的事，做到自己想做的那个人，就是自己的很大成功了。

所以，对于成功，努力追求，但不必强求；努力做到，但不必刻意，让一切在努力，又在自然中前进，安分守己，坚定乐观，勇猛精进，活出自己想要的成功，活出自己人生的快乐。

第六章　快乐源于自我

□娑婆世界，万事都有憾

南怀瑾先生说：人生就是悔，悔就是很困难的，没有真正的无咎。要真正达到没有毛病的话，你要善于补过，自己随时反省自己……

佛教认为，人生就是苦，是一种逼迫中的苦。芸芸众生，没有完美的人生。所以，南先生在说佛法时说：所谓"娑婆泪海三千界"，可是这个世界上的众生，对于富贵的福报，看得很重，由生追求到死，到死还不肯放手。所以，常啼菩萨永远在哭，悲痛这个众生的愚痴，愚蠢。这个世界叫娑婆世界，娑婆泪海啊！个个都是可怜人。

人生在世不容易，每个人都有自己的痛苦和无奈，每个人的人生，也会有缺憾，有不满，但这就是人生。快乐相同，而痛苦各异。虽然地位和层次有别，但各有各的痛苦和无奈。区别就在于你如何看待，你怎么看，就有怎样的人生。佛家所谓"境由心造"，万物纷纭，婆婆世界，但在心中却是各个有别。在简单纯洁，积极向上的人眼里，这个世界没有那么多看上去的繁华，而且与古代也没什么本质的区别，只是形式变化了而已；在心里多欲，浮躁不平的人眼里，世界真是复杂多变，但又诱惑多多，让人眼花缭乱，真伪莫辨。

积极的人，面对世间万象，无论如何变幻，他始终守一不变，以不变应万变，做到无论生活遭遇到什么，无论生活状态如何，他都能做到乐观自守，不迷失自我，不迷失方向；在心理多求的人，面对诱惑和闪烁的变幻，就轻易被左右迷惑，随波逐流，最易迷失自己，不知所终。前者因为善于安顿自己，修养自己，活出自己，能不断完善自己，坚守正道，最终能成就自己，人生少些遗憾；而后者呢？往往人为物役，失去本性，失去人格和精神的独立和自由，所以纵使得到名利，也会不能自拔，没有真正快乐，所以人生更多遗憾。

所以，对于人生的心态很重要。只有珍惜眼前，真诚而踏实地生活，带着感恩，带着热情和努力，才能扎扎实实地完善自己，成功成就自己，减少人生的遗憾。而这个过程，需要用心，不断努力，还要有修养，以做到智慧的生存。这么说来，人生虽有憾，但一切皆可完善，在完善中获得满足和快乐，人生的意义就在其中。

而认识道，顺道而行，这是一个有心人必然的发现和修养，否则无法智慧地生存。婆娑世界，万物皆有理，只有用心发现，加以运用，顺道而行，抓住事物的运行规律，才能获得发展的最好时机，发挥才智，成就自己。

你有缺点，有自知之明，善于发现道，完善修养自己，就能不断得到提高，纵使不能成就功名，总会有所收获，只要尽了心力，于自己人生无憾，就是成功的人生。

□执著必然苦

南怀瑾先生说：简单地说，你做了一切善事而不执著，执著了就是凡夫的事，不执著才是菩萨道。利人、救世、修一切善行，并没有特殊之处，是做一个人义所当为，是本分的事。

我们经常说做事要坚持，有执著心。想做成一件事情，必须要执著向上，积极努力才行，否则难以成功。但是，执著不一定就能成功。很多时候，太执著了，反而成为自己的压力，达不到反而更苦。所以说，对于一些无谓的执著，就没必要再执著，免得痛苦。

那么什么样的执著是无谓的呢？就是在争取的过程中，发现很难再进行下去，再进行下去不但没有结果，也没有意义，那么，这种执著就没了必要，成了负担，不如放下。

佛家说："执著就苦"，人生苦的根源就在于欲望，在于对某种欲望追求的执著。一旦执著，欲望得到满足，就高兴；否则，执著了一气，结果没能如愿，就痛苦。因为付出了投入了，却没得到，于是痛苦。欲望不断，执著心不断，所以痛苦也不断。

那么，我们不是出家人，不可能断绝欲望，如果为了减少痛苦，那么宁愿不追求，不执著吗？当然不是。人有欲望，有追求，有执著心，是必然的，也是无可非议的，只是说，鉴于看到一些无谓的执著的无果无意义，就不如学会理智些，智慧些，放弃一些不必要的执著。免得期望和投入太多，失望越大，得不偿失，并且浪费生命。一旦发现不可能成功，就不如掉转方向，改变计划，把主要时间和精力放到自己最应该做的事情上，这样，才能减少生命的浪费，如古人所说的，"有所不为才能有所为"，才能取得成功。

而事实上，虽然我们主张真诚生活，认真做人做事，但有些事情却不能太认真，因为严格来说没有道理，又何必太认真呢？太认真了，就不免陷入理想或者是完美主义的境地而不能自拔，搞得自己太累，也牵累到别人，给自己加压。不如轻松自然地活，积极认真但又通达明理。那句有名的"难得糊涂"，说的就是做人做事，有时不必太认真，要明白世上的一切没有完美，没有绝对的对与错的道理。这样，就不会太执著，也不会太认真了。而是学会了适当糊涂些，有时不妨抱一种无所谓态度，怀一种差不多主义，打个马虎眼儿，就让那事过去吧，何必太较真，何必非要弄个究竟？没有什么意义，事实就是证明，何必再求个心理平衡，证明什么，则更没必要，学会豁达处世为人。只要不失自己的人格和原则，不要乱了是非对错的标准，那么，一切事情不必太认真。真正好的活法是越活越简单，越轻松，越快乐。所以不必太认真。

世上只因为对"我执"字太真，所以种种嗜好、烦恼就来了。前人云："不复知有我，安知物为贵。"又云："知身不是我，烦恼更何侵。"真是破的之言也。只因为世上人把自"我执"看得太重，所以才会产生多种嗜好多种烦恼。古人说："假如已经不再知道有我的存在，又如何知道物的可贵呢？"又说："假如能明白连身体也在幻化中，一切都不是我所能掌握所能拥有，那么世间还有什么烦恼能侵害我呢？"真是有道理啊。

有一次，有位僧人问南泉禅师："连马大师在内以前的祖师们都讲即心即佛，可现在您却说心不是佛，智不是道。为此修行的人都疑惑不解，请大师发发慈悲，指点一下迷津。"

南泉道："即心是佛，平常心是道，你们众人不加实证的就认为那是道是佛，这是一种执迷。"南泉和尚反其言而言之，一下点中了众人的要害，切断了凡夫们的执著之念。

对此无门和尚评赞道："天晴就出太阳，天下雨地上就会湿。这是明明白白最简单不过的事，真理也一样，不过说的这样明白，也会有人怀疑不信的。总之，执著于自我的人，什么事都是在疑惑中。"

什么是真正的放下，我们从佛家的放下，可得到启示。

一次，岩阳尊者问赵州禅师："一物不将来时如何？"

赵州回答："放下着。"

尊者则说："一物不将来，放下干什么？"

赵州回答："担取去。"

岩阳尊者问："我抛弃一切两手空空，心里坦荡荡地来到这里，我悟到禅了吗？"

"那么你把你心里紧紧抱着的观念放下吧。"

赵州从正反两面点明了禅者的达观清澈、不执著于物的心境。不执著于物，亦不执著于念，才是真正的悟。一位想修禅的妇人把"放下着"误解成了"脱衣服"。于是进净室参禅时，她在老尼面前赤裸着全身，一丝不挂。纵使这样，她的师傅还是指出："还挂念着什么！"是啊，她的心里难道没挂着她是一个女人的意念吗？一丝不挂固然说明她的决心，但她却没参悟到在参悟的世界里不分性别、众生平等的妙理。

世人总是太执著，难以放下，不想舍得，尤其对于感情，一个人在痴情中时，总是难以自拔，总觉得只要我努力争取，就会感动对方，唤起他对自己的感觉。岂不知，感情这件事最是没有道理可言，不是说应该怎样，不是努力就一定能办到的。它是两个人的事情，而且不仅需要两个人都要有感觉，而且要求这种感觉能和拍，所谓心有灵犀，两情相悦，否则，光一头热，是不可能如愿的。如果不是对方情愿妥协，或者将就答应，那么这样的一厢情愿几乎是徒劳的。所以，单相思或者只是一方有意的感情，往往没有结果，就是这个原因。但陷在情网中的人往往不能自知，头脑也不清醒，所以世上这种人很多，都是他自己造的境，自己造的景，自己布的迷阵，出不来了。只有当他完全失望，或者是有所领悟，有一份别的感情趁机而入时，才可能明白这种执著不必要，然后放下，从此学会放下和舍得。也明白了不是所有的投入都有收获，有时，投入越多伤害越多。从此学会不轻易投入，因为"吃一堑，长一智"，免得受伤害。感情上尤其是如此。

其他事情，也是如此，如果感觉到可能是徒劳，不如保持警惕，观望，难得结果，再坚持没有意义，不如决定放弃。为了免得徒劳无功，所以不必太执著。

自己不要执著，事理自然显著。所以，顺应大道，顺道而行，顺其自然地活着最智慧。

□修养不同境界不同

南怀瑾先生说:一个人修道,或者读书,一步有一步的不同境界……修道人有一分的成就,境界就有一分的不同,有两分的成就,就有两分的不同。换句话说,人修到了某一种境界,人生的境界就开朗到某一种程度。

一个人有多高的修养,就有多高的境界。修养不同,境界不同,智慧也不同。由此表现出来的待人接物以及生活方式等都会不同。所以,一个人的修养,体现出一个人的素质、涵养和风度,对于一个人的安身立命,为人处世,是否能取得成功,活得快乐,都至关重要。

人与人不同,品质有高下之分,层次也有高低,不是所有人都有修养,而修养也不是天生来的,是后天修炼的结果,不是一下子就会有的,总有一个漫长的过程。而且,对于注重自我修养的人来说,修养贯穿着他的一生,是他生活不可缺少的功夫。

修养越高的人,待人接物往往有自己独特的风格和魅力,丰富而蕴藉的内心,外化为优雅的气质和为人处事给人如沐春风的感觉。修养高的人,一般来说,不仅具备一定的学养,而且人品不俗,风格独立,谦和有礼,淡泊寡欲,通达宽容,为人处事很有张力,有很高的智慧。说到其智慧，不是刻意为之，而是特别自然。别人看他十分了不起，而在他自己看来，一切十分自然。这就是真正的修养，有境界的、真正达到化境的智慧。

有一次，孔子到吕梁山游览，看见一男子在那里游水，便赶上去问他："吕梁瀑布深几十丈，流水飞沫远溅几十里，鱼鳖也不能浮游，刚才我看到你在那里游走，以为你是有痛苦而寻死，便打发学生沿着流水来救你。你游出水面，披头散发，一面走，一面唱，我以为你是鬼怪，但仔细观察，还是人。请教你，到这深水中去有什么办法呢？"

那男子说："没有，我没有办法。水回旋，我跟着回旋进入水中，水涌出，我跟着涌出水面。顺从水的活动，不自作主张，这就是我能游水的缘故。"

所以，随机应变，与物迁移，不固守一端，不固执一辞，而是顺应其道，顺其自然，所以这个男子能达到出神入化的境地。真正的修养和智慧无痕，十分自然，境界高远，几至化境，给人以天机玄妙之感。

南先生在说到佛家的般若智慧时，说："所谓大般若经，智慧高到极点，一点痕迹不留，讲过以后，马上推翻。"

长沙和尚一日在山中小径上信然漫步，兴致盎然。回到寺院门前时，首座问道："师父，你到哪里去了？"长沙答道："到山里散步去了。"首座又问："去到何处？"长沙随吟一偈："去随芳草，归逐落花。"何等悠然自得的游戏三昧的无心化境。这种境界超越了无功用、无作之作的境界。首座又道："真是春风得意，长庭信步啊！"道得极为真切，可见底蕴不浅。长沙答道："胜于秋露滴荷叶啊！"答得也极为巧妙，暗中压过了首座自以为得意的底蕴。既舒心，又自然，一个与美好的自然化为一体的禅师形象活脱脱呈现在我们眼前。

南先生说"有真修养，真正悟道的人，智慧开发是无穷尽的，佛学的名辞叫做无师智，也叫做自然智。自己本有的智慧仓库打开了，不是老师传授给你的,是你自己固有的智慧爆发了,天上天下,无所不知。这就是境界般若。"

这种智慧,当然是修养的功夫得来的。你的修养不同,境界不同,一层修养,一层境界,一层智慧。

□真正福报是清福

南怀瑾先生说：真正的福报是什么呢？清净无为……清福每个人都有，我们每一个人都有清闲的时候，可是一天到晚无事，闲在家里，你闲不了啊！有清福不会享！一切人都把不实在的东西当成实在，真的清净来了，他也不会去享受。真福报那么难求吗？非常容易！可是人到了有这个福报的时候，反而不要了，都是自找烦恼。

人生一世，忙忙碌碌，没有个停歇。都在追求，到底追求什么，有的人并说不清楚。即使是功名成就和金钱，等追到手以后，也未必有当初想象中的快乐。所以，人的追求与得到，究竟如何才算是更好？实在是说不清楚。各人有各人的角度，各人有各人的追求，追求不一，活法各异。但是，无论是哪种活法，都难免忙碌，都难免遗憾。这就是人生。

辛苦一生，到底得到了自己追求的吗？我们通常认为，功成名就，就是成功的人生。而事实上，真正的成功只有本人说了算。他是不是在人生追求和奋斗的忙碌中得到了满足，是否得到快乐，只有他自己知道，所以，成功严格来说，也是由他个人定义的。别人与社会的认可只是一个方面。毕竟人生是自己的，你究竟是不是幸福快乐，只有自己知道。一个人要想活出幸福快乐，也只有靠自己，什么样的结果真正能满足自己，只有自己知道，也只有自己最有发言权。所以，对于成功，也不必听别人的意见，自己的成功之路自己走，自己的幸福快乐自己找。不要为别人所左右。

芸芸众生，各有各的活法，各有各的忙碌，忙碌的不同，生活内容不同，活出的结果和滋味也不同。你有没有感觉到快乐呢？请一定要多问自己。在夜阑人静的时刻，静下来问一问自己。很多时候，我们为什么活得不快乐，感觉不到快乐，就是因为不注意关照自己的内心，人为物役，忙忙碌碌，像被风赶着的风车一样，完全不能自己，而自己到底在做什么，要往何处去，似乎有时连自己也说不清楚。在这时候，往往最容易迷失自己，本性迷失，忽然找不到了自己。很多人的生命就这样开始走上下坡路，甚至是歪路，邪路……人生路上，很多人就是这样，因为难以把握自己而导致终生的遗憾。

尤其是现代社会，物欲横流，人为物役，欲望越来越膨胀，导致伦理道德观念下降，为了利益，人与人之间真情难寻，甚至是血脉至亲间，也常为一套房子发生难以调和的矛盾，上演一出出家庭悲剧。是非对错的道理每个人都懂，可为什么还是存在？每个人都想得到，每个人都不想吃亏，没有人退让，没有人对利益表示出淡泊，所以矛盾无可回避地发生了。

这里固然有社会的原因，个人没有办法左右时代，只有被时代裹挟着，随波逐流前行，如一粒流沙，完全不能自主，但是，个人的道德和修养毕竟起着关键的作用。倘若一个人能够看淡名利，不为物役，有自己的坚守，不随波逐流，也不人云亦云，能够超脱物外，对名利金钱等少些欲望，坚持对精神世界的丰富和发展，那么，就会少了许多与人纷争的麻烦和痛苦，不为此奔波着忙，人生就更多一些充实和快乐。

就此意义而言，一个人能够淡泊名利和金钱，就能少些庸碌，多些清福；少些无谓的执著，多些轻松快乐。世人多痛苦，就是因为不能超脱物外。不知足知止。其实，人一生所需要的物质并不很多，何必贪求那么多呢？多了只会成为负累。一个人也无须为那么多的事情而忙碌，能够做好自己喜欢的事情，就已经不错，何必这山望着那山高的永不满足？我们为之忙碌一生的名利金钱，终究是身外之物，生不带来，死不带去，所以不如抱一份达观：有了就珍惜，没有不奢求。

面对人生的际遇和得失，古人有深刻的认识，努力修养自己，法天效地，达到与自然万物的和皆相处，努力追求但不强求，以顺应大道，顺其自然为生存之道，他们能做到"安贫乐道"，"乐天知命"，所以，无论贫富穷通，无论得失成败，都能坦然接受，做到自得其乐。而这种自得其乐是什么，就是一种自然状态下的清静无为，让生命如流水一般，自然前行，得失无意，去留无心，真正活出自由自在。

这种生活，不需要多大的条件，不是不叫人做事忙碌，而是善于调节自己，即使在忙碌中也能享有内心的自由和独立，保持一份适合自己的生活节奏，不太压着自己，苦着自己，也不会无所事事，空虚无聊。无论社会需要与否，自己总是有事情做，是自己找的，同时也总能找到自娱自乐的休闲方法，享受一份惬意悠闲的时刻。

南先生说：人生最大的福分是享清福。只是世人少有认识，也静不下心来，不能完全投入进这种生活，享这个福分。总是活在忙忙碌碌中，一有清闲，反而受不了，耐不住寂寞，害怕自己会被社会和时代抛弃。这其实是一种严重的对他人和社会的依赖，是一种严重的不自信，对自己的迷失。不忙碌不行，觉得自己在落后，社会竞争这么大，不得不忙碌；而一旦有闲也不行，静不下心来，浮躁抓狂，怎么能够享受清福呢？这是现代人一个难以解决的问题。

所以，南先生又说："福德大致分为两种，一种是人世间的福德，文学上称鸿福，是世间法；另一种是所谓清福，出世间法。清福比鸿福还难，所以人要享清福更难。"说明一个人如果能做到能进能出，能忙能闲，尤其善于过清闲生活，那么，他就是一个了解人生，善于智慧生活，有着不俗生活品位的高人。

人应该越活越简单，这样，才能越活越有品质，越活越快乐。人生减省一分，便超脱了一分，交友减，便免外来纷扰；言语减，便少怨尤麻烦；思虑减，则精神不耗；聪明减则混沌可完。而那些成天想增加自己的名利财富，不思减少只思增多的人，就是自我桎梏，人生苦恼便由此无穷。所谓"多一事不如少一事"，真智慧的人，是不会轻易多事，增加不必要，甚至往往会新生出事端的事情的。

东汉时的西域都护班超，直到七十多岁，朝廷才允许他退休。

接替他的任尚，当时向他请教对治理西域的治理经验，班超说："兴一利不如除一弊，生一事不如省一事……宜荡佚简易，宽小过，总大纲而已。"要他以简易宽和为主。

任尚觉得这纯属老生常谈，心上不以为然，就把班超的建议抛于脑后，还对人说："我以为班君应该有什么奇谋高策呢，现在看来所言平平，不过如此耳。"于是，踌躇满志，大刀阔斧地按照自己的意愿而行，完全推翻了原有的许多政策。

然而，不到四年，任尚就因为行政过于严苛急躁，与当地百姓屡屡发生矛盾，从而失去与边疆民族的和睦关系，导致西域各国百姓纷纷背叛朝廷，发动分裂的战争。

任尚无奈，只有退到班超精心经营的疏勒根据地，靠疏勒人的保护才保住了性命，但是，西域的土地却全盘丢失了。

上面说明一个人行事，不能自以为是，不顾实际情况和原有基础，急于求成，以破坏原有成绩去求改革创新，这样只能导致失败，因为基础不牢，情势不利，再大再好的想法，也是难以实现的。说明办事时，要求大同、存小异，才能真正把握全局。班超经营西域达三十年，得到西域各民族的钦佩和拥戴，使汉朝扬威异域直达中亚细亚，因功拜定远侯，正是依靠这一要领，可见这乃是英雄人物处事的方法。

　　道家所说的"抱残守缺"，"自然无为"，不是消极，而是一种高超的智慧，当下的安分守己和无为，是顺应大道，顺应时势，是为了将来更大的成功，所谓"无为而无所不为"也。一个人一定要明白这个道理，不随便行动，明白自然守成，然后才能创新的道理。从另外一个角度说明：一个人无论是做事，还是生活，都要明白减省的道理，明白了此，也就明白了简单生活，学会享受清福。人要这么修养自己，人生就可减少许多麻烦，增加更多快乐。

□心心念念，烦恼不断

南怀瑾先生说：好几位学佛的老朋友们，在家专心修行不方便，与修行团体住一起又说住不惯。其实，他是不能"随遇而安"而已！他不能"应如是住"，连换一个床铺都不行了，何况其他。实际上，床铺同环境真有那么严重吗？没有，因为此心不能安，所以环境与事物突然改变，我们就不习惯了，因为这个心不能坦然安住下来。

所谓"万象都缘一念波"，人生的烦恼以及一切痛苦，都是因为心中的一念。因为这一念，产生了万行幻象，从此心上无法安静下来，为之喜，为之忧，从此烦恼不断，纠结不清了。"无风不起浪"，因为一念，万里风波由此生，从此无法安静。

佛家说，人生苦的根源就在于欲望，就在于这一念，如果没有欲望，世间会少许多麻烦。然而，欲望源自天生，剪断不可能，而节制又谈何容易？所以南先生又说："人生学佛修道，这一念能平静，则万法皆空。但是这一念最难平，这一念就是当下一念，由于贪嗔痴慢疑的感受及执著，当下这一念不能平，因此所有的修持都是白费了。"

有一个僧人，问京兆兴善寺的惟宽禅师："道在哪里呢？"

惟宽禅师回答:"道就在你的眼前!"

僧人不解:"那为什么我看不到?"

禅师回答:"因为你有我的缘故,所以看不见。"

僧人接着问:"我无法破除自我之心所以看不见,那师父您能看见吗?"

禅师平静地回答:"因为你的缘故,也使我起心动念,所以我也看不到了!"

僧人不死心,继续问:"那如果没有您,也没有我,还能看见道吗?"

禅师反问:"既然已经无你无我,还要看见什么呢?"

心即是佛,佛就在心里,不必他求,别人也给不了你。心中有佛,那么就有佛。心中生一念,就会生出一个清脆的障碍,心顺虚静,才能得悟大道。

有僧问:"什么是佛?"

希运禅师说:"你的心是佛,佛就是心。如果离开心,另外再也没有佛了。"

临济和尚说:"在我们的肉体中,有一无位真人,常通过我们的眼、耳、鼻、舌、意出出入入,也就是说出入于你们所见之处、所听之处、所思之处。尚未自觉体认的,务必打开心眼好好看着它。"

又有一个和尚问道:"无位真人是什么东西?"

临济和尚反问他:"你说!你说!"

这和尚要说什么时,临济一把把他推到屋里去了。

佛道其实是一种修养之道,目的为探究自身。佛陀即自觉自明之人,而禅就是这个"真人",即对"无相的自己"的自觉自识而已。每人都有佛性,而佛道也是由人创造的,所以不必拘泥于佛法,最重要的是做好自己,亲身实证佛法,不是刻板地去学习。台湾星云大师的教诲是:"处凡愚而不减，在圣贤而不增；住烦恼而不乱，居禅定而不寂。"

如果你自己没有知觉，不能断除一些杂念，让心归于虚静，那么，就无法悟道，做到心领神会。

道钦禅师在径山大弘禅道时，影响很大，许多僧人慕名而来，求学问道。

有一次，从浙江来了许多学僧，有不少疑念未能消除，问道钦禅师："大师，究竟什么是道呢？"

道钦禅师简单地回答说："山上有鲤鱼，海底有蓬尘。"

还有一次，马祖禅师给道钦寄来一封信，他拆开一看：上面只画了一个圆圈。道钦禅师笑了一下，就在上面加了一点。然后又封上，让人寄了回去。

这是很新鲜。马祖在信中画了个圆圈，意思是说：你如何理解呢？而道钦肯定有所领会，但不便说什么，也加上一点！什么意思呢？就是"心有灵犀一点通"。

又有一次，崔相国问道钦："我想出家可以吗？"

道钦毫不客气地说："出家是大丈夫行的事，不是将相所能及。"

在禅者眼里，名誉、地位、财富如同敝屣垃圾，都是身外之物，能抛弃这一切，才是大丈夫！一般人怎能做到呢。

南先生这是对于志事修佛的人而言的，对于普罗大众来说，欲望剪不断，也没必要。但为了减少人生烦恼痛苦，有必要有所节制，修心养性，修养智慧的生存之道，以期获得人人的幸福和快乐。而这个，必须要让自己静下来，才能沉淀出心中的真正钙质，从而排除一些不必要的私念杂陈，清净内心，学会减少生活，轻松快乐。这当然是一个修养的功夫，要自觉加强内省，观照自己的内心世界，然后才能做到排遣苦痛以及一切杂念，达到内心的纯净清醒。当然，不是任何人都能做到，也需要有一个过程。

然而，现代社会，人心浮躁，物欲横流，急功近利，唯利是图，不要说宁静下来，就是做到不忙碌，停歇下来都难。总是欲望不断，忙碌不休，烦恼不断，甚至常常忘了自己为什么而忙，要向何方去……

当下人们心理的空虚问题越来越严重，物质昌盛，但精神空虚，不知如何解脱这痛苦。于是，有不少人为了逃避现实，走近佛教的世界（或者别的宗教），寻求安慰和解脱。但是，很多人并不能真正了解佛教，只是形式上，或者趋时风，或者干脆是求保佑，或者是避世求安，这些都不能解决自己的问题。因为佛不在所谓的佛那里，而在自己心中；如果你心念不断，佛也解救不了你。而形式上的修佛，更是没有必要，真正的修养从来不在于形式，而只在于自己的内心，所以，南先生说："痛苦与烦恼是很难解脱的，佛也只告诉我们解脱烦恼与痛苦的方法。解脱是靠自己，不是靠他力。佛不过把他成就的方法告诉我们，你要自己修持才行。"

自己修养自己，如同成功的得到，更要靠自己的苦修，而这个修行的路，更苦，苦的是要不断地反省反思，要节制欲望，审视、战胜，对自己进行全"心"的革命，然后才能突破自己，获得鲜活的重生，给生命注入新鲜血液，获得崭新的生命力量。而且，这个修行的道路很长，伴随整个人的一生，所以，一个人要想活出轻松快乐，必须能够耐得住这种苦修，否则内心永远无法把握自己，为世俗所左右，得不到真正的快乐。

对于心中的杂念，如果要说彻底，恐怕佛家也不如老庄之彻底。佛家讲节欲断念修持，"反观内省"，但如果心中本来如六祖所说的"本来无一物"，没有杂陈，又何必要修持什么节欲断念呢？反而很可能由此增加了心中的负累，多了层业障。而老庄道家哲学中的自然无为，根本就天人合一，物我皆忘，人自然无为地处在自然中，浑然一体，没有界限，那有什么必要节欲断念呢？本来没有烦恼，所以根本不必。所以，佛家又主张万事"随缘"，安于本分，绝不强求的道理，也是吸收了道家的道法自然精神的。

而作为我们呢？生活在竞争复杂的社会中，尤其是社会自然都被严重破坏、严重功利化了的年代，我们更不可能做到如庄子的完全"自然无为"，物我两忘，也不可能做到佛家的"万念俱灰"，不思名利，但至少要做到加强修养，让自己在纷扰的俗世中，保持一份内心的独立和自由，不随波逐流，主宰自己人生的走向，修养自己，越活越简单，少些不必要的杂念，保持清醒、理智，让心归于沉静踏实。只有这样，才能走得更扎实，才能活出快乐的人生。

物来则应，过去不留

南怀瑾先生说：顺其自然活着最好。金刚经没有一句谈到空，他只拿虚空来做比方，大家认为金刚经讲空法是一个错误。金刚经只告诉你无所住！无所住并不是空啊！无所住，如行云流水，你看那个流水在流，永远不停留的过去了，但是又有来的，而一切是无所住，并没有叫你空啊！

道家主张"自然无为"，儒家主张"存天理，减人欲"，要安分守己，佛家主张成事"随缘"而不强求，说法不同但思想归一，都是一种对人生的深刻思考，思考如何安顿自己这颗心，如何减少人生的苦痛，活出轻松和快乐。

毕竟，人活着要有追求，要做些事情，因此，不可能摆脱人与事的羁绊，做到完全的自然无为，断绝欲望，不做主动，任由自然。但所有这些理念，无论是佛是道，他们也都是人创造的；无论在家离俗，都要做人做事，活出人生，所以，佛道之法，对于常人来说，当然有一定的借鉴意义。我们做不到完全，那些出家的专事修持的人，也难有做到完全的，所以，在家离家一个样儿，都需要修心养性，并无本质的区别。修养，是一个人必需的功课，否则，人身处竞争纷扰的社会，就会人为物役，容易迷失自己，成功与快乐都将变得格外困难。

我们要有追求，要做一些事情，而且想做出个样子来，给自己看，也给更多人看；为了实现自己，也为了造福更多的人。人生本来就应当这样，尊重天性，不压抑自我追求，做自己喜欢的事情，做自己想要做的人。积极进取，力争上游，生命虽限，但精神可长存，所以追求生命的超越时空和现实的不朽意义，为此认真做人做事，尽心竭力而为，以做到释放自己，也能光照别人，完成此生的自付使命，这样，才算不枉此生，尽量做到人生少悔憾。每一个不想苟且而活的人，都会有这样的想法。

由于有这个追求，就有此动力，如果有坚信，那么就自然会坚持不懈，百折不挠，也只有这样，才可能成功。然而，就像事物都有正反面一样，任何好事，也会有负面。这样奋力拼搏的结果，能达到成功当然是最好不过，问题是，很多人也这样努力了，奋斗了，但结果并没如愿达到成功，历尽沧桑，为了心中一个久已存在的梦想，但最终却没能实现愿望。此时不能不悲从中起。然而，这就是人生，成功的、幸运的总是少数。这就是告诉你：有时努力也不能成功，成事在天。人很渺小，生命有限，能力有局限，侥幸不得，运气不常，而往往是失败多，成功少。对此必须正视。学会努力积极，但不强求，尽心力足矣，以追求的过程为乐，学会享受过程，不存过高期望，学会顺其自然，万事随缘，学会放下与舍得，放下不必要的执著，让生命在积极而达观的自然状态下前行，追求过程中的品质和格调，让心保持一份物外的超脱，这样就自然少些痛苦，多些快乐。

所以，对于降临到生命中的一切事情，都要坦然接受，把它作为生命中躲不过的一个必然考验，乐观而勇敢地接受，积极应对，尽力而为，能成则成，不成就放下。所谓"拿得起，放得下"，就是要有这样的胆魄和气量。

人生的结果，其实不必多问，结果都一样。应当认真的是这个过程，所以，对于成功也不必太认真，生命享受的正是这个过程。在这个过程中，你努力完成了自己，尽量活出自己认定的意义，感觉到了有所得，有快乐，那么，你就完成了此生的使命，虽不能名留青史，但同样超越了自己的物质生命，同样会因了你的尽心尽力，给你影响范围之内的人和环境留下不灭的记忆。那么，你的人生就没有遗憾，就是足以让人宽慰的人生意义了。

所以，活在当下，珍惜眼前，感恩地生活，活出当下生活的品质来，比什么都重要。的确，过去不可追，未来不可测，能把握的，只有今天；别人不能依靠，也不能改变，能够把握的唯有自己，所以，让生命活在今天，让生命由自己主宰，不断提高完善修养自己，这样，就能活出自己的精彩人生。

为了让今天走得更好，最好放下昨天留下来的不必要的没意义的包袱，过去的已然过去，所以不必加快，也不必写日记，浪费精力和时间，更会徒增烦恼，何必呢？如果说为了在加快和思考中反省自己，激励今天，那其实也没多大必要。因为如果是真痛苦，或是真快乐，自然会留在心间，它对自己的或好或坏的影响在当时就已经产生，已经沉淀到自己的内心了，根本不必刻意回忆，所以不如放下，过去的已然过去，何必留恋？何必自伤？不如关注当下，脚踏实地，努力活好今天，这才最现实。而且让生命在自然而然中积极地前行，会更加轻松快乐，走得更好。所以南先生说："物来则应，过去不留"，就是说学会达观处理，学会顺其自然，安分守己，乐天知命，以保无忧。这不是消极，而是对人生深刻认识后的智慧处理态度。

放下，不是要你不长脑子，不去思考，只去贸然行动，也不是要你把万事都归为空，放下一切，虚空前行，而只是告诉你学会智慧地生活。

《庄子·则阳》中说：冉相氏体察了道的精髓，因而能听任外物自然发展，天天随外物而变化。而其凝寂虚空的心境却一点也不会改变，何尝舍弃过大道的精髓！

圣人心目中从不曾有过天，从不曾有过人，从不曾有过开始，从不曾有过外物，跟随世道一块儿发展变化而变化，与外物的契合融洽。商汤启用尹恒做他的师傅，但他从师从不拘泥于所学，能够随顺而成，为此而察其名迹；对待这样的名迹又无心寻其常法，因而君臣、师徒能各得其所、各安其分。仲尼最后弃绝了谋虑，因此对自然才有所辅助。所以，容成氏说："摒除了日，就不会累积成年，忘掉了自己就能忘掉周围的事物。"

这就是智慧高超的自然之道，难道不能给庸碌中的我们一些启示吗？

□当下成就，一切解脱

南怀瑾先生说：真正成佛解脱者，是连佛也不成。无所谓佛，也无所谓魔，当下成就，一切解脱。

作为普通人，我们无意于成佛成道，但可以由此得出修养即是做人做事，成功就是充实活好今天的道理。

一个人如果能够修养好自己，活好今天，那么就能解脱很多人生痛苦烦恼，最终成就自己。成功不是盯着前面脚却踩在空中，不能脚踏实地。当下不好好努力，未来的成功成就不可能；修养也不是只在那里静坐思过，学习佛道之法，成天谈而论道，却不亲身实践实修。不从自己做起，不从实修做起，再高的理论修养终是空，难以超凡脱俗。

一切成就从自己的苦修来，从自己这一时就开始的实践来。没有捷径，没人可代替，只有脚踏实地，只有靠自己。你不必寄希望于佛道之法，也不必寄希望于别人。也就是说，只有自己能挽救自己，能解脱自己。而且，没有什么比这个生活最好，没有什么比自己教育自己更见效果。人都是自己的老师，一个有觉悟者，自会用心生活，从中学习，自己领悟，自己学会生存之道。

所以，南先生说："众生不要你度，个个自己会度，有些菩萨们度众生，决不是说法，反而加重众生的苦头，等他吃够了苦头，受不了，他自会回头的，这也是一个度人的法门……一切众生皆是佛，你去度佛干什么？每个众生都是自性自度。所以六祖悟道以后，对他的师父讲：迷时师度，悟后自度。"

人都会犯错，但知错就改，不是别人告诉他错了，他就改的，而往往是他自己因为错，害了事，吃了亏，有了切身体验，然后才做到真正的改正的。所以，要给人犯错的机会，就是给人改正的机会。毕竟并不是所有人能够有觉悟看到别人犯错，而以此为鉴，对自己"有则改之，无则加勉"的。所以，经历和体验，在一个人的成长和修养上，就起着很重要的作用。如果自己体验不到位，或者觉悟不到，那么修养难以提高，自我成长也会变得曲折难成。但无论如何，最好的老师是自己，这个道理要明白，因此在一个人没认识到时，不必在他面前好为人师地苦口婆心地教育，因为没有用。不如让他自己去实践，去经历，让生活告诉他，比你的说教更好。这就是人的自性教育。

当然，这里需要个人的自觉用心，从当下开始，从实践做起，更需要耐心坚持，锲而不舍，能在苦修中得乐，这样才能做到学有立成，学有所得，当下成就。禅门苦修的故事，也许会给我们一些启示：

一般说来，佛门向以慈悲为怀。可是有些禅师作风表现相反。如叶县有位省和尚，素来以严厉冷淡闻名，凡是在他寺院挂单的僧人，见了他都非常敬畏，以至于远避了事。

浮山和天衣还在做学僧时，也曾特地去拜访这位厉害禅师，拜在他门下，学习佛法。

这年冬天，外面下着大雪，省和尚对前来参学的僧人动辄呵骂，甚至逐出山门，还把水泼在他们身上。不能忍受的学僧纷纷离去，只有浮山和天衣二人却铺好坐具，端端正正坐了下来。

省和尚看见就呵斥道："要是你们再不走，我就打你们！"

浮山走上前说道:"我二人走了数千里,特来跟和尚学禅的,哪能因为被泼一勺水就走呢?即使打杀也不会走!"

省和尚无奈,只好允许他们住了下来。

平时,寺院里生活很清苦,甚至吃不饱。有一日,浮山取米煮粥吃,被省和尚知道了,就毫不客气地罚他付清米钱,并打了三十拄杖,然后逐出山门。

浮山身无分文,只得在街上化缘乞食。他还想到寺院去听讲经,被省和尚一口回绝了。

但是,浮山从不灰心,仍然托钵到处募化。

终于有一天,省和尚又在街上碰到他,深深地看了他一眼后,说:"你回到寺院去吧!"

于是,浮山终于又得以近前听教了,求知若渴,精进不已,很快,修养日长,学业大进,最终成就自己在佛教上不可忽视的位置。

由此可见,修养之道,要有一番信念,坚持不懈,更要明白随时随地有学习,当下学习,亲身实践的道理。如果浮山光是听老师讲佛法,不去亲自吃苦化缘,不能成佛;如果他不能看到自己的力量,也随同大家,受不了一时之辱,一走了之,也不能成佛。所以,能否成就,关键在于自己,能否成功,关键在于自己的扎实努力。

佛家也向来以佛即是心,心即是佛为法,不执著不拘泥于佛法。为宣扬"即世间而求出世间"之人生态度,禅宗经常随机说法,并因人而异。

有位僧人对赵州禅师说:"我初入禅林,请师父多多指点。"

赵州问他:"你吃粥了吗?"

僧人回答:"吃啦。"

赵州问:"那么你洗碗去吧!"

僧人闻言有悟。

那么,他悟到了什么呢?也许有两层意思:一种认为佛就是在吃饭洗碗这些平常的生活琐事之中，也就是"平常心是道"。另一种是，所谓"吃粥了吗？"是代指"你悟了吗？"参学僧回答说"吃过粥"也就是悟了。既然已经悟了，那就请把你的所谓悟也彻底舍弃吧！就说：你洗碗去吧。言外之意是，你只修行道就行了，只需身体力行，不断修心，不必再问什么修行的佛法。如果能做到这一点，即为真修行，就能立即成就，否则，学也毫无益处。这真是深刻的道理啊！

真正的道，不是高深莫测，遥不可及的东西，它从来没有走远，不在物外，它就在自己的眼前，就在自己的心中。真正的生活，不在对昨天的加快中，也不在对未来的规划和预测中，不在自己的梦想里，它只在当下的生活中，在自己的心里。所以，真正有智慧的人，总是懂得活在当下，活在过程中的道理，不必想那么多，让一切顺其自然，这样，他反而能够摆脱很多羁绊和苦恼，做到简单、高效而智慧地活着，活出自己的成功人生。